TEATRO 58
direção de
Fernando Peixoto

"Pedagogia do Teatro" 5
direção de
Flávio Desgranges

TEATRO

TÍTULOS PUBLICADOS

À Prova de Fogo, Consuelo de Castro
Técnicas Latino-Americanas de Teatro Popular, Augusto Boal
Fábrica de Chocolate, Mário Prata
Teatro em Pedaços, Fernando Peixoto
Vassa Geleznova, M. Górki
Diálogo Sobre a Encenação: um Manual de Direção Teatral, Manfred Wekwerth
Berliner Ensemble: 35 Anos — um Trabalho Teatral em Defesa da Paz, Klaus-Dieter Winzer
Teatro em Movimento, Fernando Peixoto
Teatro de Augusto Boal 1 (A Revolução na América do Sul, As Aventuras do Tio Patinhas, Murro em Ponta de Faca)
Textos para Televisão, Gianfrancesco Guarnieri
Teatro de Heiner Müller (Mauser, Hamlet-Máquina, A Missão, Quarteto)
Teoria e Prática do Teatro, Santiago García
Teatro em Questão, Fernando Peixoto
Teatro de Augusto Boal 2 (Histórias de Nuestra América, A Lua Pequena e a Caminhada Perigosa e Torquemada)
Um Mês no Campo, Ivã Turgueniev
Ator e Método, Eugênio Kusnet
Teatro e Estado: as Companhias Oficiais de Teatro no Brasil — História e Polêmica, Yan Michalsky & Rosyane Trotta
Teatro de Osvaldo Dragún (Milagre no Mercado Velho, Ao Violador, Voltar Para Havana, Os Alpinistas)
Um Teatro Fora do Eixo, Fernando Peixoto
O Negro e o Teatro Brasileiro, Miriam Garcia Mendes
Ay, Carmela!, José Sanchis Sinisterra
Ziembinski e o Teatro Brasileiro, Yan Michalski
Glauce Rocha: a Atriz que Recusou o Estrelato, José Octávio Guizzo
A Mochila do Mascate, Gianni Ratto
Divers/idade, Nelson de Sá
As Trombetas de Jericó: Teatro das Vanguardas Históricas, Silvana Garcia
Giramundo: Myrian Muniz – o Percurso de Uma Atriz, Maria Thereza Vargas (org.)
Teatro de Rua, Fabrizio Cruciani & Clelia Falletti
O Parto de Godot e Outras Encenações: a Rubrica Como Poética da Cena, Luiz Fernando Ramos
Vianinha: um Dramaturgo no Coração de Seu Tempo, Rosangela Patriota
As Imagens de um Teatro Popular, Julián Boal
Osmar Rodrigues Cruz: Uma Vida no Teatro, Osmar Rodrigues Cruz & Eugênia Rodrigues Cruz
Uma Cena Brasileira, Samir Yazbek
Teatro em Aberto, Fernando Peixoto
A Pedagogia do Espectador, Flávio Desgranges
Teatro Começo Até..., Ittala Nandi
Encenação em Jogo: Experimento de Aprendizagem e Criação do Teatro, Marcos Bulhões
O Teatro de Rua: Uma Paixão no Asfalto (Experiências na Argentina e no Brasil Democráticos da Década de 1980), André Carreira
Da Minha Janela Vejo... Relato de uma Trajetória Pessoal de Pesquisa no Lume, Ana Cristina Colla
Tal Qual Apanhei do Pé: uma Atriz do Lume em Pesquisa, Raquel Scotti Hirson
Café com Queijo: Corpos em Criação, Renato Ferracini
Corpos em Fuga, Corpos em Arte, Renato Ferracini (org.)

PEDAGOGIA DO TEATRO

TÍTULOS EM CATÁLOGO

A Pedagogia do Teatro: Provocação e Dialogismo, Flávio Desgranges
Drama Como Método de Ensino, Beatriz Cabral
As Regras do Jogo: a Ação Sociocultural em Teatro e o Ideal Democrático, Suzana Schmidt
Pequenos Espetáculos da Memória: Registro Cênico-Dramatúrgico de uma Trupe de Mulheres Idosas, Beatriz Pinto Venâncio
Teatro e Prisão: Dilemas da Liberdade Artística, Vicente Concilio

TEATRO E PRISÃO:
Dilemas da Liberdade Artística

VICENTE CONCILIO

TEATRO E PRISÃO:
Dilemas da Liberdade Artística

ADERALDO & ROTHSCHILD EDITORES
São Paulo, 2008

© Direitos autorais, 2007,
de Vicente Concilio.
Direitos de publicação reservados por
Aderaldo & Rothschild Editores Ltda.,
Rua João Moura, 433 - 05412-001, São Paulo, Brasil.
Telefone/Fax: (11)3083-7419
Atendimento ao Leitor: (11)3060-9273
lerereler@hucitec.com.br
www.hucitec.com.br

Depósito Legal efetuado.

Coordenação editorial
MARIANA NADA

Capa
ARNALDO DE MELO

CIP-Brasil. Catalogação-na-Fonte
Sindicato Nacional dos Editores de Livros, RJ

C747t

Concilio, Vicente, 1979–
    Teatro e prisão : dilemas da liberdade artística / Vicente Concilio. –
São Paulo : Aderaldo & Rothschild, 2008.
    160p. : il. ; . – (Teatro ; 48. Série Pedagogia do teatro ; 5)

    Inclui bibliografia
    ISBN 978-85-60438-28-0

    1. Teatro nas prisões (Projeto). 2. Mulheres de papel (Peça teatral). 3.
Muros (Peça teatral). 4. Teatro – Aspectos sociológicos. 5. Prisioneiras
como artistas. I. Título. II. Série.

07-3098.   CDD: 792.0981
                                                              CDU: 792 (81)

Este livro é dedicado a Jorge Spínola

SUMÁRIO

PREFÁCIO — ROBERTO DA SILVA 15

APRESENTAÇÃO 19

Capítulo 1
PRISÃO 25
O sistema prisional no estado de São Paulo . . . 30
A Fundação de Amparo ao Preso Prof. Dr. Manoel Pedro Pimentel (Funap) 35

Capítulo 2
ANTECEDENTES 37
A experiência de Frei Betto 37
Projeto "A Arte como Processo de Recriação em Presídios", de Maria Rita Freire Costa 41
Ruth Escobar na Penitenciária do Estado (PE) . . 50
O Projeto Teatro nas Prisões da Funap . . . 59

Capítulo 3
MULHERES DE PAPEL 67
Mulheres de Papel em 2002 71
   Com papel na mão 72
   Regras 78

A estréia 87
Mulheres de Papel em 2003 89

Capítulo 4
MUROS 113
Os Desterrados: primeiros desafios e acordos . . 115
Desterrados com texto 117
Sobre rodas e pessoas 122
Desterrados com peça 126
O Espetáculo 133
Em 2005 138

CONCLUSÕES 145

REFERÊNCIAS 157

AGRADECIMENTOS

A meus pais, Luiz e Cida, e meu irmão Julio, por acreditarem nos caminhos que escolhi.

A Maria Lúcia Pupo, grande mestra, por me fazer perseguir o melhor.

A Flávio Desgranges, por acreditar na publicação deste livro.

A Taty Kanter, por não me deixar esquecer a importância de sua amizade.

A Elias Andreato, Maria Rita Freire Costa, Paul Heritage, Maraci de Oliveira e Roberto Lage, pela disponibilidade com que compartilharam suas trajetórias em teatro nas prisões.

A Manoel Portugues e Adilson Souza, que conheci na Funap, por apostarem no teatro e nessa pesquisa.

A Ana Maria Sabbag, pela generosidade e apoio na revisão do texto.

A Ingrid Koudela, Sérgio Adorno, José Cerchi Fusari, Maria Isabel de Almeida e Marina Célia Dias, professores da Universidade de São Paulo (USP), pela receptividade e generosidade na troca de idéias.

A Lígia Borges, Alexandra Tavares, Sérgio Oliveira, Cecília Schucman e Ricardo Ribeiro, pelo que construímos durante o tempo em que *Muros* ligou nossas rotinas.

A Cícera Maria da Conceição, Renato de Oliveira, Josenita Dias, Ester Vaz, Karla Menezes, Charlton Costa, Kelly Keyko, Flávio Araújo, Ivan Cavalcante, Luiz Carlos da Silva, Marcos Feitosa, Cristina da Luz Dias, Gretel Lanoza, Maria Helena Gonçalves, Marina Ferreira, Luciana Feitosa,

Marta Bonfim, Marta Jaceline Amaro, Gilberto Coelho e Valéria Covos, onde quer que vocês estejam.

A Alba Célia Pinto, Cilene dos Santos, Evaldo Canossa, Graziela Silva, Mariângela Calheiros, Robson Mansano, Rodrigo Silva, Cátia Pires, Julio Cesar Dória, Márcio Maracajá, Naira Poloni, Magno Camilo, Sandra de Oliveira e todos aqueles que dão prosseguimento ao sonho do Núcleo Panóptico de Teatro.

Diz-se das águas do rio que são violentas
Nada se diz das margens que as comprimem.

— Bertolt Brecht

PREFÁCIO

Uma prática de educação não formal que congrega, no Brasil, nomes como, Ruth Escobar, Roberto Lage, Elias Andreato, Augusto Boal, José Celso Martinez Corrêa, Ariano Suassuna, Graciliano Ramos, Frei Betto e Paulo Freire. Uma prática de educação não formal que, enquanto arte, nos remete aos gregos Ésquilo, Sófocles, Eurípides e Aristófanes e que, enquanto instrumento de problematização da realidade extrai sua dimensão político-social das obras de Jean Genet, Bertolt Brecht, Jean-Paul Sartre, Foucault, Goffman, Plínio Marcos. Isto é o que se convencionou chamar, no Brasil, Teatro nas Prisões, e que já apresenta uma interessante produção nas pessoas de Maria Rita Freire Costa, Lígia Borges, Robson Rusche, Rogério Moura, Roberta Silva Nunes de Oliveira e o autor desta obra, Vicente Concilio.

Este livro — Teatro e prisão: dilemas da liberdade artística *— não trata apenas do teatro enquanto produção cultural e, muito menos, enquanto espetáculo oferecido para o gozo de quem pode pagar os elevados preços das casas teatrais. A já consistente história do teatro em prisões no Brasil — aqui resgatada — ora influenciada pelos movimentos de educação popular, ora permeada pelo ideário da Teologia da Libertação, ora ainda instrumentalizada por políticas governamentais, encontra o seu apogeu no Projeto Drama e na pessoa de Jorge Spínola, entusiasmado monitor de educação básica nos presídios paulistas, que assumiu o encargo de recrutar presos para leituras de textos, ensaios, montagens de peças e apresentações públicas fora dos muros da prisão.*

Não é difícil conceber a Educação como parte do processo de reabilitação de pessoas presas, mas tem sido extremamente problemático definir o lugar da Educação dentro da prisão, sobretudo quando se confrontam os objetivos emancipatórios da Educação com os rigores dos códigos disciplinares da prisão. Paradoxal para os carcereiros de plantão em todos os níveis e esferas de governo é conceber a arte como instrumento de libertação, pois a lógica prisional, já denunciada por Foucault, não é a de apenas aprisionar o corpo, mas sim de aprisionar a alma e de retirar do ser humano tudo o que lhe resta de humanidade. A prisão em flagrante, os 81 dias mínimos de humilhação em celas superlotadas, o ritual do processo criminal e a certeza da condenação por si sós são capazes de reduzir o réu a uma condição de transparência em que todas as dimensões de sua vida são devassadas e tiradas todas as possíveis máscaras que conformam sua identidade, qualquer que seja ela. É neste estado de extrema vulnerabilidade que se inicia o trabalho de reabilitação penal do preso. Aqui sim é válido o enunciado da tabula rasa, *pois o réu, mesmo que contra a sua vontade, foi destituído de todos os artifícios que poderiam emoldurar sua identidade, sua personalidade e o seu caráter e, certamente pela primeira vez na vida, ele se encontra frente a frente com o seu próprio eu. Nesta condição, a Religião, a Educação, a Psicologia, mas também a leitura, os círculos de reflexão e o teatro assumem então uma tarefa de modelagem de um novo ser, tarefa esta que sofre a implacável concorrência dos detratores da alma humana, aqueles que vão se esmerar em reforçar os rótulos, estigmas e preconceitos, que vão reduzir a auto-estima até o limite da revolta e que vão submetê-lo a todas as condições de testes para que o preso prove sua masculinidade, sua hombridade e sua honra.*

Bertolt Brecht afirmava que o teatro e a poesia eram ferramentas para a liberdade de espírito. Quando aplicada esta máxima ao trabalho de reabilitação do preso, o objetivo não é a revolução dos corpos, mas sim a revolução das mentes e isso as autoridades penitenciárias, os técnicos e os juízes não conseguem entender, e privilegiam métodos e técnicas que visam apenas o adestramento dos corpos, como o trabalho, a profissionalização e a obediência às normas de confinamento.

É bem verdade que o teatro, seus métodos e suas técnicas não podem substituir outros procedimentos da chamada terapia penal, *nem pode se tornar em um procedimento para atendimento em massa, mas os exemplos aqui apontados por Vicente Concilio evidenciam que, quando utilizado com critério na seleção dos presos e quando embasada em uma proposta clara e inteligível aos presos, a transformação qualitativa que se obtém com os sujeitos diretamente envolvidos é extraordinária e de efeitos duradouros no sentido de qualificá-los para uma convivência social pacífica, útil e produtiva.*

No âmbito mais amplo da execução penal, a obra é recomendável para todos aqueles que têm responsabilidade na custódia, tratamento e avaliação de presos, e constitui subsídio importante neste momento em que se discute mais acentuadamente a Educação em Presídios *como uma política pública governamental para assegurar a todos os presos e em todas as prisões brasileiras o direito à Educação.*

O livro, originário de uma dissertação de mestrado defendida na Escola de Comunicação e Artes da Universidade de São Paulo, não apresenta receitas prontas nem ensina como superar os incontáveis obstáculos burocráticos para a efetivação de trabalho semelhante dentro da prisão, mas tem dois méritos indiscutíveis: resgatar e problematizar as experiências já realizadas e constituir um corpo teórico consistente que retira o Teatro do Oprimido *da sua condição de marginalidade teatral para contextualizá-lo em um espaço onde seus métodos e suas técnicas adquirem pleno sentido.*

São Paulo, fevereiro de 2006

— ROBERTO DA SILVA
Professor do Departamento de Administração Escolar e Economia da Educação da FE-USP.
Conselheiro do Conselho Estadual de Política Criminal e Penitenciária (2000-2004).
Conselheiro Científico do Instituto Latino-Americano para Prevenção ao Delito e Tratamento da Delinqüência (1998-2006).
Consultor para Educação em Prisões, da Organização dos Estados Ibero-Americanos.

APRESENTAÇÃO

Em maio de 2002, iniciei minha participação, como estagiário, em uma oficina de teatro na Penitenciária Feminina do Tatuapé (PFT). Inserida no Projeto Teatro nas Prisões, da Funap — Fundação Prof. Dr. Manoel Pedro Pimentel de Amparo ao Preso —, essa oficina era coordenada pelo professor e diretor teatral Jorge Spínola.

Tratava-se de um processo que, naquele momento, tentava sobreviver a uma série de dificuldades oriundas das expectativas das integrantes em concretizar um espetáculo nos moldes em que elas compreendiam a prática teatral. Não queriam ficar "brincando", não tinham interesse em "fazer jogos". Para elas, fazer teatro significava ter um texto para decorar, ensaiar marcações e, finalmente, apresentar uma peça.

O problema residia no fato de as participantes simplesmente não atribuírem nenhum sentido cênico aos jogos que lhes eram propostos, o que gerava um índice de evasão tão alto que poderia comprometer a continuidade da oficina.

Em pouco tempo, meu envolvimento ultrapassaria os objetivos do próprio estágio, e passei a participar da encenação. Assim, durante os dois anos em que Jorge Spínola atuou na Penitenciária Feminina do Tatuapé, acompanhei todas as fases do trabalho e conquistei parcerias artísticas em um local ao qual normalmente nos remetemos como o oposto da vida.

O período que vai de maio de 2002 a outubro de 2003, durante o qual um grupo de artistas prisioneiras se encontrava quase diariamente com um grupo de artistas livres, configura-se como um exemplo relevante de experiência bem-sucedida no corpo das escassas políticas educacionais instauradas no âmbito do aparelho prisional.

Foram dois anos divididos entre o prazer da criação artística e a rotina massacrante dos rituais da prisão. Divididos entre a alegria das conquistas elaboradas durante o processo de encenação e a crueza de um ambiente organizado para ser hostil. Divididos entre a construção de valores concernentes a um trabalho verdadeiramente coletivo e a força massacrante e homogeneizante da imposição de regras promovidas pelo sistema penal.

Em 2004, o Projeto foi elaborado em moldes diferentes, agora voltado a outras parcelas da população carcerária: presos em regime semiaberto e egressos do sistema penal, em liberdade condicional ou que já haviam cumprido sua pena.

Assim, a partir de março daquele ano, instaurou-se um novo processo que, depois de oito meses de ensaio, em uma rotina que não raro nos obrigava a cinco encontros por semana, resultou no espetáculo *Muros*, inspirado em obras Jean-Paul Sartre e Jean Genet. Este espetáculo foi apresentado até novembro de 2005.

Enquanto integrava esses processos de criação artística, muitos questionamentos surgiram e foram elaborados. A procura por respostas resultou neste livro.

Inicialmente, a questão "Pode o teatro contribuir para a reabilitação de um preso?" demonstrava a minha ingenuidade em relação ao modelo prisional e aos discursos que ele produz e que o sustentam.

Uma pergunta desta natureza reduz a análise da prática cênica a um mero jogo de avaliações relativas a mudanças de comportamento individual, a serviço dos laudos técnicos de cada participante preso. Portanto o alcance de suas respostas fica limitado, até mesmo contribuindo para a permanência da lógica institucional que se pretende combater.

A indagação seguinte se definiu a partir da percepção da complexidade da inserção de projetos educacionais e, nesse caso, também artísticos, em uma instituição cujas áreas de atuação se dividem entre a reabilitação e a punição dos indivíduos a ela submetidos, porém com prática claramente voltada para esta última.

A atividade teatral inserida em um organismo penal acaba por instaurar uma complexa contradição, pois ela visa promover reflexão a partir de um processo artístico coletivo. No entanto, ela se depara com limitações relacionadas ao fato de acontecer em um ambiente cujas regras, explícitas ou não, constituem uma rede coercitiva e contrária ao exercício crítico pertinente ao livre pensar, essencial a qualquer manifestação artística.

A trajetória construída pelo Projeto Teatro nas Prisões me possibilitou conhecer diversos aspectos da realidade carcerária do estado de São Paulo: a rotina de um sistema fechado, na PFT; a batalha financeira e burocrática, que garante a sobrevivência do Projeto Teatro nas Prisões, na Funap; a EAP — Escola de Administração Penitenciária; as dificuldades dos presos em regime semi-aberto, divididos entre a liberdade diurna e a prisão noturna, e dos ex-presidiários, sobreviventes de um sistema que lhes imprime o estigma do crime para sempre.

Isso me levou a repensar a questão da possibilidade de alteração da prática institucional consolidada.

Sendo assim, surgia uma nova questão: "Tendo em vista as contradições e os limites da prática teatral com presidiários, é possível que ela provoque alterações no modelo prisional hoje estabelecido?".

Uma questão elaborada dentro de parâmetros tão "grandiosos", contrapondo uma pequena experiência, em uma única unidade prisional, a um sistema que comporta quase 300.000 presos, tende a se perder num delírio transformador que desvaloriza uma postura mais realista, atenta às pequenas, mas significativas, alterações provocadas no ambiente opressivo da cadeia pelo exercício coletivo e criador do teatro.

Assim, preferi pensar nas fissuras do sistema prisional, nas fragilidades que dele descobrimos e me propor a dividi-las com quem por elas se interesse. Assim, procurando transformar a prisão, busco responder a uma questão mais objetiva: "Diante das contradições e limites de uma prática teatral com presidiários, é possível que ela provoque fissuras, rupturas no sistema que a comporta?".

O papel dos artistas envolvidos podia ser facilmente confundido, aos olhos dos integrantes presos, com a função exercida pelo corpo técnico e funcional do presídio. Estabelecer uma prática em outro patamar demanda um esforço essencial para a criação do vínculo pedagógico necessário para o pleno desenvolvimento de um processo artístico.

Ao tentarmos esclarecer nossa posição, não podíamos ignorar o fato de estarmos vivendo um papel ambíguo, devendo respeitar todo o rigor normativo do sistema prisional, sem condições de alterá-lo. Ao mesmo tempo, incentivávamos uma reflexão e um tipo de criação que fatalmente abala a crença no poder da coerção, modelo defendido pela prisão.

Assim, a oficina de teatro, ao assumir uma proposta apoiada em práticas que investiam no potencial artístico dos participantes, colocava-se em plena oposição à realidade institucional. Mas existe um tempo para que isso se configure aos olhos dos participantes, um tempo em que somos avaliados, medidos, testados e, com sorte, aprovados. Durante este processo, nosso conhecimento da realidade em que viveram, da cultura prisional e das conseqüências da prisão para toda a vida do indivíduo apenado, faz que eles passem a nos enxergar como aliados sinceros.

Nos quatro anos durante os quais convivi com a realidade prisional, percebi a relevância que os participantes do processo atribuíam ao teatro, como espaço artístico libertador e de conquista de novos sentidos para a própria existência institucionalizada que levavam. Daí meu interesse em abordar aquelas práticas em reflexão mais elaborada, evidenciando o potencial dessas experiências, de tal forma que se questione a maneira pela qual a prática penitenciária ainda está embasada em nosso país.

Assim, no Capítulo 1, há uma análise do modelo prisional, suas origens e sua consolidação como prática punitiva mundial, para enfim revelar a incapacidade deste sistema em efetivar qualquer processo de reabilitação, apesar de esta idéia constituir o cerne do seu discurso institucional.

No Capítulo 2, apresento alguns processos teatrais realizados com presidiários no estado de São Paulo, na tentativa de compreender o teatro como instrumento pedagógico em prisões.

No Capítulo 3, abordo as especificidades da Oficina de Montagem Teatral na PFT, durante os anos de 2002 e 2003, e no Capítulo 4 analiso o processo de criação do espetáculo *Muros*, em 2004 e 2005. Nesses dois capítulos, há um destaque para os processos de construção dos contratos que regulamentavam as rotinas de trabalho, resultantes de extensas discussões e impasses, exigindo de todos uma relação com as regras diferente da habitualmente estabelecida pelo presídio.

Capítulo 1
PRISÃO

Apesar da aparente normalidade com que encaramos o fato de a prisão concentrar a quase totalidade da ação punitiva da sociedade com relação a seus indivíduos transgressores, sua consolidação e enraizamento são fatos bastante recentes na história das organizações sociais do mundo ocidental.

Data da passagem do século XVIII para o XIX o surgimento das primeiras instituições que, mediante um certo tipo de organização espacial e do tempo social dos indivíduos a elas submetidos, foram modelando um discurso moral, ideológico, econômico e político que, pouco a pouco, definiu as bases de uma política prisional. Isso culmina, ironicamente, com a afirmação da prisão como uma espécie de "punição civilizada".

Anterior ao aprisionamento, a idéia de punição estava vinculada ao suplício físico. Os espetáculos promovidos pelos enforcamentos e mutilações públicas deixavam bem claro aos que as assistiam qual o destino dos que não se enquadravam nas leis.

Era uma forma ostensiva da ação da justiça: a população deve identificar, na punição, o crime cometido contra a ordem soberana de seu Chefe de Estado. Estamos em meados dos séculos XVI e XVII, o Estado Absolutista e centralizador encontra-se em seu apogeu em países europeus de expressiva influência econômica e política, como França e Inglaterra, e qualquer atentado à ordem pública é considerado ataque direto ao rei.

A partir da segunda metade do século XVIII, surge a necessidade de se repensar as práticas da justiça. Inicia-se uma espécie de glorificação dos criminosos, transformando-os em mártires, ao mesmo tempo que a população se revolta contra o poder abusivo do monarca sobre os corpos dos condenados.

Foi um período em que os chamados "crimes de sangue", até então responsáveis pela maior parte das condenações, cederam lugar a crimes contra o patrimônio. A prática dos suplícios perde seu papel de reafirmação do poder do soberano e se torna fonte de críticas de abuso de poder.

O raciocínio compensatório dos suplícios, que mede a produção da dor, relacionando o grau de seus efeitos sobre o corpo do delinqüente com o tipo de crime que cometeu, desloca o seu alvo: em vez de compensar o delito com o sofrimento do criminoso, o tempo de vida em aprisionamento passa a ser alvo da justiça.

Mas quem seriam esses desajustados, esses delinqüentes, esses criminosos? Que tipos de crime praticavam? Contra quais interesses agiam? Por que não tentavam, simplesmente, inserir-se nos padrões sociais estabelecidos?

O momento histórico em questão é ainda fruto da transição do antigo regime feudal, apoiado no vínculo de famílias a pequenas propriedades de terra adquiridas por direitos de nascença, para o capitalismo moderno, cujo princípio é o acúmulo de capital gerado pela exploração da mão-de-obra operária barateada, aliada ao aumento da produção através da tecnologia fabril.

A expulsão de grandes massas populares camponesas para os centros urbanos em formação, conseqüência direta da apropriação ilícita de suas terras pelos antigos senhores a que antes estavam submetidos, acabou por gerar uma classe composta por mendigos, prostitutas, "vagabundos", órfãos e "pequenos ladrões" que se tornariam alvo das denominadas "casas de correção".

Homens, mulheres e crianças são agora obrigados a produzir bens que irão enriquecer seus próprios algozes. Nesses lugares vai se desenvolvendo, pouco a pouco, uma série de saberes que resultam no modelo prisional até hoje estabelecido no interior das sociedades.

Assim, é no período em que os centros urbanos se consolidam pela atividade industrial, que à prisão será atribuída uma nova responsabilidade, mais "nobre" que a simples punição: ela é convocada a "reformar" indivíduos.

São consideradas as primeiras experiências prisionais reconhecidamente modernas o sistema da Filadélfia, instituído em Walnut, em 1790, e o sistema Auburn, instaurado na cidade homônima no estado de Nova York, em 1820, uma reação ao anterior. Isso porque o primeiro, também conhecido como sistema celular, impunha o isolamento total aos condenados, ao passo que no sistema Auburn o isolamento se dava no período noturno, e durante o dia o trabalho e as refeições eram realizados coletivamente. No entanto, havia vigilância constante e os presos eram proibidos de conversar e trocar olhares entre si.

As prisões modernas enquadram-se no que Goffman (2001) define como "instituições totais", espaços delimitados em que indivíduos são submetidos a vigilância constante e obrigados a fazer as mesmas coisas, em uma rotina imposta e planejada para que a instituição atinja seus objetivos.

O modelo prisional moderno, no qual se inserem as características acima descritas, espalhou-se por toda a Europa e, conseqüentemente, por suas colônias. No início do século XIX, já era um sistema consolidado.

Para legitimar sua ação sobre os homens, elabora-se uma série de saberes sobre os indivíduos, fixando normas de conduta para os encarcerados. Assim, uma vez que o sistema prisional é erigido como forma definitiva de punição generalizada, são desenvolvidas técnicas de ação sobre os corpos dos condenados, com conseqüência direta na sua organização psicológica em relação ao entendimento do mundo e de si mesmos.

São submetidos a uma série de rituais que estabelecem uma separação radical com o mundo exterior, perdem o contato espontâneo com seus familiares, sua intimidade é massacrada pela constante vigilância, perdem seu nome ao serem tratados como números a serem contados e conferidos diversas vezes por dia. São constantemente relembrados de sua condição de inferioridade pelos maus-tratos a que são submetidos, não lhes é permitido possuir objetos pessoais, não escolhem a roupa que usam e perdem o contato com o sexo oposto, resultando muitas vezes em perda da identidade sexual.

Os trabalhos a que são submetidos, normalmente atividades simples, repetitivas, fragmentadas e monótonas, completam a ação da prisão sobre o corpo dos aprisionados: devem ser eficientes, disciplinados, adestrados, *politicamente dóceis e economicamente úteis* (Foucault, 2004).

A prisão e a pena privativa de liberdade chegam até nossos dias como principal instrumento punitivo do Estado. No entanto, todo o seu discurso reabilitador na verdade esconde um papel crucial na *construção da delinqüência* (Foucault, 2004). Chegamos, dessa forma, ao centro de toda crítica ao modelo prisional. A despeito de todas as suas revisões, a prisão sobrevive mediante a doutrina da reabilitação, que acoberta seu próprio fracasso como instituição, uma vez que não atinge seus objetivos.

Essa doutrina, materializada pela prática penitenciária, desenvolve-se a partir de três grandes fatores: o isolamento, o trabalho penitenciário e a autonomia da gestão penitenciária. Eles são a base de todo o aparato técnico e científico sobre o qual e a partir do qual o eixo da ação penal deixa de ser o **ato criminoso** e passa a ser o **indivíduo criminoso**.

Desses três grandes fatores basilares, irradia-se um conjunto de saberes que, reunidos, formam *as sete máximas universais da boa administração penitenciária* (Foucault, 2004, p. 224). Esses princípios são:

1. CORREÇÃO: a função essencial da prisão é a transformação do comportamento do sujeito alvo de sua ação, mediante sua reclassificação social e sua recuperação, devolvendo-o à sociedade assim que o processo de reabilitação se conclua.

2. CLASSIFICAÇÃO: uma vez condenado, o indivíduo deve ser isolado, separado da sociedade, e depois agregado a outros de acordo com sua pena, idade, sexo, tipos de técnicas de reabilitação de que será alvo.

3. MODULAÇÃO DAS PENAS: as penas devem ser proporcionais não à gravidade do crime cometido, mas sim aos resultados conseguidos pela ação carcerária sobre o indivíduo. Dessa maneira, esse princípio avalia a transformação individual dos detentos e lhes atribui alterações nas previsões de tempo e ação da pena.

4. TRABALHO COMO OBRIGAÇÃO E COMO DIREITO: o trabalho é encarado como um dos instrumentos fundamentais da ressocialização e transformação dos detentos, mediante o aprendizado e execução

de um ofício, ocupando o tempo da detenção enquanto pode propiciar recursos financeiros ao próprio preso e sua família.

5. EDUCAÇÃO PENITENCIÁRIA: prover instrução geral e profissional é sempre encarado como parte essencial de um processo de reabilitação bem-sucedido.

6. CONTROLE TÉCNICO DA DETENÇÃO: a gestão prisional deve ser assumida por pessoas que detenham saber especializado no interesse de zelar pela conquista dos objetivos a que se destinam as prisões.

7. INSTITUIÇÕES ANEXAS: aliar ao encarceramento uma série de medidas de controle e assistência até que o indivíduo possa ser considerado ressocializado, depois do cumprimento da pena.

A exposição das máximas universais da boa administração penitenciária revela, por um lado, o refinamento dos saberes desenvolvidos pela técnica prisional, e por outro lado atesta que as reformas do sistema penitenciário, sempre repousando comodamente sobre estes sete temas, não dão conta do problema real, conseqüência final do aprisionamento, que é o da consolidação da delinqüência.

Se a prisão é apresentada como instrumento fundamental no processo de combate ao crime, em verdade seus efeitos há muito não comprovam a qualidade de sua ação. As prisões não diminuem a taxa de criminalidade, nem a quantidade de crimes. Ela ainda facilita a organização dos delinqüentes, pois favorece um ambiente socializador em seu submundo.

De qualquer forma, a aparente obviedade do fracasso do sistema prisional não contribuiu para a construção de uma alternativa que subvertesse radicalmente sua organização.

> Devemos notar que essa crítica monótona da prisão é feita constantemente em duas direções: contra o fato de que a prisão não era efetivamente corretora, que a técnica penitenciária nela permanecia em estado rudimentar; contra o fato de que, ao querer ser corretiva, ela perde sua força de punição, que a verdadeira técnica penitenciária é o rigor, e que a prisão é um duplo erro econômico: diretamente pelo custo intrínseco de sua organização, e indiretamente pelo custo da

delinqüência que ela não reprime. Ora, a essas críticas, a resposta foi invariavelmente a mesma: a recondução dos princípios invariáveis da técnica penitenciária. Há um século e meio que a prisão vem sendo dada como seu próprio remédio; a reativação das técnicas penitenciárias como a única maneira de reparar seu fracasso permanente; a realização do projeto corretivo como único método para superar a impossibilidade de torná-lo realidade (Foucault, 2004, p. 223).

Ou seja, quanto mais a criminalidade cresce, mais recursos são destinados ao aparelho jurídico-penal. Assim, a própria organização penal se fortalece, embora sua atuação não reverta a crescente criminalidade. Isto atesta o enraizamento de sua lógica na estrutura social, até mesmo impossibilitando a proposição de alternativas para o combate ao crime que não pretensas reformas do sistema punitivo.

O sistema penal, invariavelmente repousado no dilema entre reabilitar e punir, ao propor o fim da criminalidade pela ressocialização dos indivíduos a ele submetidos, objetivo que não atinge, acaba alterando o papel social dos que sofrem sua intervenção: de infratores eles passam a delinqüentes.

Dessa forma, a prisão cumpre seu papel mais perverso. "Corrigir as pessoas sempre foi um objetivo ligado ao uso que se quer fazer delas" (Rocha, 1996, p. 170).

O sistema prisional no estado de São Paulo

Desde 1993, São Paulo tornou-se o primeiro estado brasileiro a criar uma secretaria destinada especificamente à administração do sistema penitenciário. Este pioneirismo foi a resposta do então governador Luiz Antonio Fleury Filho (1991-1994) às pressões de diversas instâncias da sociedade ligadas aos Direitos Humanos e organismos internacionais, com relação à execução de cento e onze homens presos no Pavilhão 9 da Casa de Detenção, o Carandiru, durante intervenção da Polícia Militar, em uma rebelião mundialmente conhecida como o "massacre do Carandiru".

Pouco antes, ele havia transferido a administração do sistema penitenciário para a Secretaria da Segurança Pública, que até então tinha estado sob o comando da Secretaria da Justiça, o que já revela uma concepção sobre prisão: prioridade da punição sobre a ressocialização.

A gestão anterior, do governador Orestes Quércia (1987-1990), foi responsável pela construção de dezessete unidades prisionais, que passaram de vinte e duas para trinta e nove, e também pela atribuição da incumbência da educação dos adultos presos à Funap.

O governador Franco Montoro (1983-1986), que assumiu a gestão sob forte expectativa no período da tão esperada redemocratização do país, designou o advogado José Carlos Dias para a Secretaria dos Negócios da Justiça, responsável pelos estabelecimentos penais. Aparentemente, toda a proposta parecia caminhar para uma renovação nas práticas penitenciárias, uma vez que o recém-nomeado secretário era notório defensor dos direitos humanos e lutou abertamente contra a ditadura em defesa de presos políticos.

Todavia, medidas que abertamente procuravam restabelecer o cuidado no trato da população presa ganharam forte oposição no corpo funcional das unidades prisionais, que entendia a valorização do preso como uma afronta ao poder dos funcionários da instituição sobre a massa carcerária.

As crises maiores, ocorridas quando foi proposta a criação de comissões de representantes da massa encarcerada na gestão das penitenciárias, eleitos democraticamente pelos próprios presos, foram responsáveis pela demissão do secretário, o que revelou a dificuldade em se instaurar propostas diferenciadas no trato com as unidades prisionais.

Hoje, o sistema carcerário paulistano é composto por cento e quarenta e quatro unidades prisionais, submetidas a seis Coordenadorias Regionais com vínculo direto à Secretaria da Administração Penitenciária (SAP).

Dando prosseguimento à política de promoção dos Direitos Humanos instaurada desde a posse do governo Mário Covas, em seu primeiro mandato (1995-1998), o governo de Geraldo Alckmin promoveu uma série de medidas que, se por um lado afirmam ter mudado radicalmente o perfil do sistema carcerário no estado de São Paulo, por outro não impediram que a população carcerária tenha chegado ao número assustador de **144.430** pessoas presas[1] em março de 2007.

Além das unidades tradicionais, há os dois Centros de Readaptação Penitenciária (CRP), e os vinte e dois Centros de Ressocialização (CR).

Os Centros de Readaptação Penitenciária, cujo nome já assume o papel que irão desempenhar, o de adaptar o indivíduo ao sistema penitenciário, caso promovam graves distúrbios a seu funcionamento. São as unidades responsáveis pela aplicação do Regime Disciplinar Diferenciado, o RDD, cumprido em celas individuais, no qual o sentenciado tem direito a apenas duas horas de banho de sol por dia, ficando impossibilitado de se comunicar com outros presos. Os advogados são obrigados a passar por detectores de metais antes de entrarem no presídio e não há contato direto com seus clientes, apenas através de vidros.

Já os Centros de Ressocialização (CR) promovem filosofia oposta à dos CRPs. Seriam o lado "bonito, dinâmico e moderno" do sistema penal, em vinte e uma unidades mistas (com presos em regime fechado, semi-aberto e detenção provisória) para até duzentos e dez presos, com infra-estrutura e pessoal técnico capaz de oferecer atendimento odontológico, médico, jurídico, psicológico, laborterápico, educacional e assistencial, além da tão divulgada parceria com ongs e associações comunitárias na gestão da unidade prisional, o que reduz drasticamente o custo financeiro e administrativo para o estado e amplia o contato dos presos com o mundo "de fora".

Todavia, ficam em aberto questões sérias para análise: qual o limite da atuação dessas associações comunitárias perante o papel do governo estadual nas suas atribuições de construtor de políticas realmente sólidas e equânimes a todas as unidades prisionais, diante do evidente aumento do número de presos a cada dia, em todo o estado?

Além disso, de que forma essa aparente desconexão entre as pastas da Justiça, da Segurança Pública e da Administração Penitenciária pode

---

[1] Todos os números utilizados a partir deste momento, quando não explicitada a especificidade da fonte, foram extraídos da página virtual da Secretaria da Administração Penitenciária: <www.sap.sp.gov.br>.

ser superada, a fim de que o tratamento das questões criminais seja abordado por todas as instâncias que lhe cabem — a justiça, a segurança e as políticas prisionais?

Em um arquivo ainda disponível na página virtual da SAP, denominado "O sistema prisional de São Paulo está mudando", realizado em agosto de 2004, temos acesso a uma apresentação composta por uma série de imagens de um CR, fotografias de presos sorridentes realizando atividades esportivas e culturais, trabalhando em fábricas e realizando refeições satisfatórias, tudo entremeado por trechos de uma suposta "Carta de um reeducando recém-chegado a um Centro de Reabilitação para um amigo, preso em outra unidade".

O texto é o que segue:

> Como vai? Mando um abraço pra todos vocês aí... Rapaz, vou te contar o sofrimento eu foi esse bonde para mim, tanto que eu só não me arrependi de ter saído daí porque sabia que um lugar melhor me esperava. Rapaz do céu, eu quase morri de tanto frio. Deitar para dormir era impossível, porque o chão era supergelado. Sono todos tinham, mas era impossível deitar no chão frio.
>
> Na hora do almoço cheguei ao CR, agora vou te contar a maravilha daqui. É um céu! Desci minhas coisas do bonde, já tinha um funcionário me esperando para me receber, com toda educação e respeito. Sabe, eu acho que todos eles têm uma função treinada para nos tratar bem, com respeito e sempre com cordialidade, ninguém aqui é carrancudo ou de mau-humor.
>
> Você acredita que a cozinheira, uma senhora de cor, toda vestida de branco e lenço na cabeça, veio me perguntar, logo que eu parei de comer, se a comida estava boa? E por que eu comi pouco? Acredita? Rapaz... é incrível como aqui eles tratam bem a gente!
>
> O banheiro tem azulejo branco de 1,5m de altura, vasos sanitários com assento de abrir e fechar, igual à casa da gente. A assistente social veio ontem perguntar o que era para eu falar para minha família, que ela ia ligar avisando que eu já estava aqui. Aí a gente nunca é atendido quando pede atendimento, aqui elas vêm para perguntar.

Será que esse lugar existe? Trabalho tem para todos aqui. Só não trabalha se não quiser. Eles nos trazem as refeições aqui. Almoço com feijão tipo igual o que a mae da gente faz.

Acho impossível um preso querer fugir daqui, porque essa é a idéia: ressocializar o preso, tratando bem e como ser humano, para que ele se sinta capaz de pagar a dívida com o estado e ser gente de bem.

Já valeu a pena o frio e a fome que passei para chegar aqui.[2]

Este texto, aparentemente escrito para louvar os Centros de Ressocialização, é um pequeno presente cômico a qualquer interessado em apontar as graves distorções que ele evidencia. Primeiro, porque, para valorizar o CR, ele precisa revelar o horror que é a grande maioria das instituições que constituem o sistema penal paulista. O texto tenta nos fazer crer que difícil mesmo foi o "bonde", mas a cada elogio feito ao Centro, temos absoluta clareza com relação à falência das outras instituições penais.

Se no CR a comida é maravilhosa, é porque nos outros presídios a alimentação é horrível. Se no CR os funcionários são atenciosos, fica claro que nas outras unidades eles não são capazes de oferecer tratamento digno ao preso. Se no CR existem até azulejos, está revelada a ausência até mesmo de privadas em outras prisões. Se no CR só não trabalha quem quer, nas outras unidades as oportunidades de trabalho atingem somente 52,2% da população encarcerada.

Mas difícil mesmo é acreditar que alguém que tenho convivido minimamente com o sistema penal, e no caso do texto, tenha sido preso, seja capaz de escrever "acho impossível um preso querer fugir daqui, porque essa é a idéia: ressocializar o preso, tratando bem e como ser humano, para que ele se sinta capaz de pagar a dívida com o estado e ser gente de bem". Nesse momento, nos perguntamos — é justo que um cidadão precise ser preso, julgado e condenado por um crime para finalmente perceber que o Estado existe?

---

[2] Texto em arquivo disponível no endereço <www.sap.sp.gov.br>.

A Fundação de Amparo ao Preso Prof. Dr. Manoel Pedro Pimentel (Funap)

A Funap é um órgão vinculado à SAP, mantido por recursos públicos e oriundos da venda de produtos e serviços produzidos por presos. Sua principal função é criar articulação entre os setores público e privado, organizações não-governamentais e comunidades, a fim de oferecer trabalho, educação, cultura e assistência jurídica a presos e egressos do sistema penitenciário paulista.

Fundada em 1976 pelo então secretário da Justiça Manoel Pedro Pimentel, a Funap é resultado de uma série de fatores que evidenciaram a necessidade de oferecer capacitação profissional e trabalho aos presos, a fim de lhes proporcionar reabilitação e também para contribuir com a disciplina dos presídios, ocupando o tempo ocioso dos encarcerados.

Dessa forma, a Funap foi, pouco a pouco, assumindo a responsabilidade pela Educação nos presídios, o que foi oficializado a partir do governo Quércia (1987-1991); pelas atividades culturais e esportivas, por meio dos Postos Culturais instalados nas penitenciárias, que organizam eventos e campeonatos internos; e também pela Assistência Judiciária nas unidades prisionais, tarefa de responsabilidade da Procuradoria-Geral do Estado.

Além disso, a Fundação implementa, com o objetivo de diminuir a reincidência criminal, programas de apoio aos egressos, procurando fornecer-lhes suporte jurídico e assistência social.

Até 1979, o ensino básico era proporcionado nas penitenciárias paulistas por professores comissionados advindos da Secretaria de Educação e estava submetido aos mesmos parâmetros e diretrizes estipuladas para as escolas oficiais, no tocante a currículo, calendário e seriação.

Evidentemente, ignorar as especificidades de um processo pedagógico em contextos carcerários pouco contribuía para a construção de uma prática consistente de educação de adultos presos.

Dessa forma, coube à Funap a elaboração de programas que buscassem atingir a excelência em educação de adultos presos, terreno pouco explorado pela literatura educacional, mas inserido na trama complexa das políticas prisionais e de combate à criminalidade e reincidência.

Em 1995, a Funap publica o livro *Educação de Adultos Presos: Uma Proposta Metodológica*, organizado por Robson Rusche.

Não é necessária uma leitura minuciosa dessa publicação, para perceber o grau de comprometimento da proposta metodológica da Funap com concepções conscientizadoras e humanistas, oriundas das propostas de Paulo Freire.

Assim, é importante ressaltar o avanço qualitativo no trabalho filosófico e metodológico da formação dos educadores da Funap, que assumiu uma postura claramente contrária a um modelo funcionalista da educação, apresentando propostas que buscam a conscientização dos indivíduos em um ambiente de privação de autonomia e liberdade.

Atualmente, a rede de educação da Funap atende 79 unidades penais, com um quadro funcional composto por 71 monitores contratados em regime CLT, 148 estagiários e 143 monitores presos, totalizando 362 educadores que atendem cerca de 15.000 alunos.

Assim, está consolidada a figura do "monitor preso" como principal articulador das propostas educacionais nas salas de aula das unidades prisionais, assessorados pela formação pedagógica e acompanhamento de um "monitor orientador" que tem formação superior em Pedagogia.

Nesse contexto, é de extrema relevância que os monitores orientadores dêem conta da difícil tarefa de constituir uma equipe de monitores presos, leigos em educação, apesar da defesa cada vez mais incisiva, nos discursos que pautam as políticas educacionais, pela qualidade da formação dos educadores.

É mais uma contradição gerada pelo descaso das políticas públicas com relação ao tratamento do preso: como concretizar uma educação "libertadora" se o próprio professor está cumprindo pena de privação de liberdade?

Capítulo 2
ANTECEDENTES

Este capítulo analisa alguns processos teatrais realizados em presídios paulistanos. Eles estão aqui reunidos pois, de diferentes formas, conseguiram preservar seu legado, por meio de documentação e registros iconográficos, além de contarem com a disponibilidade de alguns de seus protagonistas de compartilhar sua história com esta pesquisa.

Portanto, vale reiterar que o objetivo deste capítulo não é abarcar a totalidade dos experimentos teatrais realizados em presídios paulistanos. Uma empreitada dessa proporção, referente à preservação da memória desses processos, deveria ser realizada por algum órgão interessado em documentar a história da cultura e da educação que se desenvolve dentro das penitenciárias.

O pequeno panorama que aqui será apresentado nos fornece a dimensão daquilo que não foi possível conhecer.

A experiência de Frei Betto

O livro *Uma Escola Chamada Vida* é resultado surpreendente de um encontro de notáveis. Trata-se da publicação de uma entrevista realizada pelo jornalista Ricardo Kotscho com o grande pedagogo Paulo Freire e o educador e teólogo Carlos Alberto Libânio Christo, o Frei Betto. Durante mais de seis horas, em um domingo de outubro de 1984, Freire e Betto expuseram momentos cruciais de suas práticas educativas.

Enquanto Paulo Freire se encontrava no exílio, entre 1964 e 1979, Frei Betto ficou no país e, ligado à Teologia da Libertação, setor esquerdista da Igreja Católica, o então jovem frade dominicano envolve-se com a resistência e a contestação ao regime militar. Acaba condenado e, entre 1969 e 1971, é considerado preso político.

Enquanto esteve submetido à condenação por crime político, Frei Betto empreendeu um balanço da atuação da esquerda brasileira, numa tentativa de compreender seu fracasso. Sua conclusão foi a de que

> tínhamos tudo: ideal, coragem, disposição, domínio dos conceitos clássicos, conhecimento das histórias da revolução. Só não tínhamos *povo*. E, porque não tínhamos raízes populares, foi muito fácil se criar uma política repressiva de isolamento daqueles grupos, o que levou à sua aniquilação. Isso me conduziu, pessoalmente, a uma posição que, hoje, defino na seguinte frase: *Prefiro correr o risco de errar com o povo do que ter a pretensão de acertar sem ele*. Porque essa pretensão eu tive antes (Freire & Betto, 1986, p. 38).

O que mais impressionou Frei Betto foi perceber que os presos disputavam entre si postos de trabalho a serviço do sistema penitenciário. Dessa forma, o presídio acabava cooptando os presos que, por medo de perderem seus empregos, permaneceriam suportando os abusos da rotina prisional.

Diante dessa situação, a seu ver absurda, Frei Betto inicia os "círculos bíblicos", leituras sistemáticas da Bíblia com grupos de interessados, um trabalho de conscientização social com base em uma abordagem crítica do contexto histórico vivido por Jesus.

Decide então fazer uso do teatro como meio de ampliar a consciência social:

> Eu tinha trabalhado no Teatro Oficina, com Zé Celso Martinez Corrêa, tinha tido uma experiência muito marcante de teatro, na época da montagem de *O Rei da Vela*, de Oswald de Andrade. Na prisão, tive a oportunidade de realizar aquele que é, até hoje, um dos meus sonhos utópicos, que é dirigir um espetáculo. Montei um grupo de quarenta presos. Foi muito interessante como experiência pedagógica

porque, na verdade, minha meta não era tanto montar o espetáculo. Chegamos a montar dois espetáculos, inclusive com sessões para o pessoal da cidade (Freire & Betto, 1986, p. 41).

Mesmo tendo realizado esses dois espetáculos, os objetivos de Frei Betto não estavam voltados a questões estéticas.

Minha meta era criar, através do teatro, um processo pedagógico através do qual eles pudessem se liberar subjetivamente de todo aquele sofrimento absurdo que o sistema penitenciário gera no preso comum. O sistema penitenciário, tal como ele existe na sociedade capitalista, principalmente aqui no Brasil, é extremamente cruel não só porque confina fisicamente o homem, sem que esse homem possa compreender o problema da liberdade, senão em relação à sua locomoção física, mas ele destrói a subjetividade do homem, no sentido de não lhe oferecer nenhuma possibilidade de racionalização da situação em que se encontra. Por isso que o alimento do preso é a fantasia, a revolta e a maconha. O preso vive disso (Freire & Betto, 1986, p. 41).

Assim, podemos concluir que teólogo considera o teatro capaz de libertar o preso da situação de alienação social. O preso passaria a se situar historicamente e decidiria lutar por transformações mais amplas.
Portanto, o que está em jogo é o próprio sentido da existência, a construção de um projeto de vida que ultrapasse os limites do aprisionamento e transforme a vida em algo maior que o presente.

O trabalho do teatro visava possibilitar-lhes um equacionamento da sua existência no mundo e no mundo carcerário. Como? Eu promovia os laboratórios. São ensaios improvisados. Eu pedia: "Companheiro, conte por que você veio parar na prisão, como é que foi exatamente o crime pelo qual você foi condenado" — e ele contava. Começava a representar o crime e fazia o papel de criminoso. Outro preso fazia o papel da vítima, outro da mulher da vítima, outro da polícia, do delegado, do investigador que torturou, do juiz. . . Depois, invertíamos os papéis. Era interessante quando aquele que tinha matado se via no lugar da vítima. Era o distanciamento que, pela primeira vez, ele tinha da própria atitude. Ele se via, inclusive, como juiz, tendo que decidir a pena. Isso foi criando toda uma reflexão crítica do problema deles (Freire & Betto, 1986, p. 43).

O processo de trabalho era, portanto, a dramatização da experiência de vida, materializada na cena improvisada. Em determinado momento, ela passava a ser transformada pelos integrantes do grupo, mediante a troca de papéis. Isso possibilitava a vivência dos diversos pontos de vista relacionados àquela situação.

Obviamente, tal prática promovia uma leitura mais abrangente da realidade vivenciada, mesmo partindo de recordações bastante incômodas.

Fazia sofrer, exatamente. Parecia-se com um processo psicanalítico. Inclusive, a narração do crime é sinal de confiança que ele tem em você na prisão. Nunca se pergunta a um preso o que ele fez. Mas, se ele confia em você, um dia ele lhe dirá. Ele precisa ser ouvido, sobretudo em respeito ao princípio pedagógico de sempre se fazer um trabalho a partir dos elementos fornecidos pelas experiências vitais anteriores. Mantenho esse critério pedagógico até hoje (Freire & Betto, 1986, p. 44).

Muitas dúvidas surgem a partir da experiência narrada por Frei Betto. De que forma conseguiu realizar uma atividade coletiva, envolvendo muitos presos, que resultou também na abertura da instituição a uma platéia? Com quem precisou negociar? Será possível que ele conseguiu convencer a direção de uma penitenciária a permitir a realização de um grupo de teatro usando o mesmo tipo de argumentação com que ele relatou a experiência, mais de dez anos depois? Frei Betto pediu permissão para realizar um processo de conscientização política por meio do teatro em plena ditadura, dentro de uma prisão?

A qualidade das intenções dessa experiência teatral, materializada em uma prática de conscientização e diálogo, nos fornece indícios de um tipo de discurso que é usado para justificar a prática do teatro em presídios.

Não sabemos como a experiência com o teatro se encerrou. Talvez o foco do trabalho, voltado ao autoconhecimento de seus participantes, e abrindo mão de uma investigação artística da linguagem teatral, tenha esgotado as possibilidades do processo.

Em um presídio, onde as carências se avolumam, promover uma atividade que se proponha a ressignificar a vida é tarefa de grande porte. Frei Betto passou a buscar essa ressignificação, instaurando Ensino Ginasial na prisão.

Projeto "A Arte como Processo de Recriação em Presídios" de Maria Rita Freire Costa

A história do projeto "A Arte como Processo de Recriação em Presídios" nasce do empenho da então jovem atriz Maria Rita Freire Costa, recém-chegada em São Paulo, em promover atividade teatral em um presídio feminino.

Seu primeiro contato com o universo prisional acontecera em 1977 quando buscava elementos para a construção da personagem que interpretaria em um episódio do programa Caso Especial, da Rede Globo de Televisão, sob direção de Walter Avancini. O episódio, denominado "Indulto de Natal", buscava revelar, com altas doses de emocionalismo, a realidade das mulheres presas que recebiam o direito de passar o Natal com suas famílias.

Na prisão, Maria Rita percebeu a inexistência de atividades educacionais, culturais ou laborais, o que reduzia as presas a uma rotina ociosa e desesperadora. Decidiu então conquistar, da direção da PFC, a possibilidade de incluir o teatro entre as atividades de reabilitação.

Em 1978, ela consegue iniciar o trabalho, com uma equipe composta por diversos profissionais: o ator e diretor Elias Andreatto, a psiquiatra

Eros Volúzia, a socióloga Conceição D'Incao, a fotógrafa Iolanda Husak e o músico Ademir Martins. Esse projeto duraria cinco anos, até meados de 1983, e é até hoje relembrado como uma das mais bem sucedidas propostas artístico-culturais já promovidas em unidades penais, tamanha a repercussão alcançada por cada uma de suas realizações.

É interessante acompanhar a mudança qualitativa ocorrida na percepção da equipe com relação às finalidades do projeto, ainda no primeiro ano de trabalho:

> Em meados de 1978 teve início o projeto *A Arte no Processo de Readaptação Social em Presídios*, dentro da Penitenciária Feminina da Capital — SP. O objetivo central é conduzir o indivíduo a uma confrontação dos seus valores com os do meio social, usando o teatro como uma atividade ludoterápica e catártica, através do questionamento e da atividade reflexiva. A proposta do trabalho estava voltada para a questão da READAPTAÇÃO. Porém, com o decorrer do tempo, percebeu-se que o conceito inicial era incompatível com a ação efetiva do trabalho que se dava pelo desenvolvimento do espírito grupal e crítico. Ao invés de impor valores, o trabalho possibilitava uma leitura e apreensão dos fenômenos que direta ou indiretamente, determinavam o comportamento do indivíduo. Passou-se a discutir então o conceito de RE-CRIAÇÃO e sua maior identidade com os objetivos propostos (Costa, 1983, p. 5).

A alteração do nome do projeto valoriza os princípios da criação artística coletiva, demonstrando maior interesse em atender primeiramente aos anseios das participantes, em vez de ajustar a atividade teatral às finalidades da instituição.

Dessa forma, o processo teatral é entendido como meio privilegiado de encontro do homem com sua capacidade de envolver-se com sua própria história, levando-o a compreender o sistema que o circunda.

Assim Elias Andreato relata o processo que daria origem ao espetáculo *Cela Forte Mulher*, apresentado em 1980, por ele dirigido:

O processo era assim: a gente decidiu que ia falar da cela forte, que ia falar da relação amorosa entre o homem e a mulher, a mulher e o malandro. A gente sugeria assim: cada uma pensa em uma música, que tem a ver. Então a gente selecionava essa música, ou cantava, tocava. E aí a gente pensava nessa coisa musical, no movimento. Tudo era em função dessa idéia para que o trabalho acontecesse. Textos, a gente ia separando. A gente fazia improvisação de cenas de violência, de brigas, de ciúmes, de traição, tudo relacionado ao tema. Aí a gente dava pra elas o entendimento do ponto de vista psicológico, do ponto de vista social, o que isso significa. Tinha um entendimento do trabalho, mesmo que elas não tivessem tanto conhecimento, mas elas tinham uma noção. Pra elas foi muito importante.[1]

Diante do material criado por elas, a função do diretor era descobrir formas de encadear um texto ao outro, uma cena à outra, sempre expondo para o grupo a justificativa de cada escolha.

As inscrições eram abertas a todas as presidiárias da unidade, não havendo critérios de seleção prefixados pela unidade penal.

Cinco espetáculos foram construídos da seguinte forma: escolha do tema; elaboração de textos e seleção de músicas pelas detentas; criação coletiva da dramaturgia; ensaios e apresentações abertas ao público.

Em 1978, apresentou-se um ensaio aberto intitulado *Criação Coletiva*.

Ator, atriz, quem não é?
Todos nós o somos. Eu, o senhor, a senhora. . .
Sim. Somos atores e atrizes integrantes da gigantesca companhia teatral chamada humanidade, vivendo vinte e quatro horas por dia no palco do grande anfiteatro da sabedoria eterna chamada Mundo, das cenas do drama de "domínio público" intitulado VIDA. . .
Heróis, Anjos, Santos, Demônios, Egoístas, Idealistas e todos os "istas" que se possa imaginar, são os personagens por nós vividos no palco.

---

[1] Entrevista realizada por mim em junho de 2004.

Será que sabemos cada um de nós qual é o personagem por cada um de nós representado?

Será que gostamos dele e temos coragem de vivê-lo à luz do "Grande Refletor"?

Façamos de conta que hoje é nosso dia de folga e para descansar, vestiremos outros personagens. Talvez eles nos dêem as respostas para as perguntas feitas anteriormente... (Costa, 1983, p. 6).

Este trecho, creditado à detenta Toninha, revela o percurso seguido pelas integrantes na tentativa de relacionar teatro e vida, metáfora e realidade, aprofundando assim a consciência de seu próprio papel na sociedade. Ao se assumir personagem no palco da vida, que pede permissão para descansar vivendo um outro papel diante do público, esta mulher pede licença a nossos preconceitos. Ela nos pede para deixarmos de vê-la apenas como presidiária, para que ela possa ser também muitas outras coisas.

Este tema acaba sendo o grande mote do primeiro espetáculo resultante do projeto, chamado *Favor Não Jogar Amendoim*, em 1979.

Nas palavras do diretor da peça, o desejo de abalar as expectativas do público em relação a um espetáculo feito por infratoras:

> O espetáculo criou um grande interesse, um grande impacto, todos que o assistiam ficavam completamente chocados. A gente fazia teatro na capela; ensaiava e apresentava lá. Construímos um palco, que era um grande tablado móvel, com vários módulos, e lá colocamos um cercado de grades. Tinha uma presa que recebia o público na porta do presídio com um megafone e ia passando pela penitenciária falando "Esse é o pavilhão 1, onde estão as feras de maior periculosidade!", e por aí vai, até levar os espectadores para a platéia. Elas estavam todas no palco, atrás das jaulas, imitando bichos, rosnando. Era um zoológico. Aí a gente dava esse aviso: "favor não jogar amendoim". Aí a brincadeira, nesta peça, era o seguinte: cada uma contava como foi parar lá na prisão. Sempre a história delas, ou real, ou ficção, mas sempre tinha a ver com elas. Às vezes uma contava a histó-

ria da outra, mas sempre o universo delas. A gente só orientava. E era muito bonito, muito forte. Eu me lembro que terminava assim: com todas dormindo, como se fosse uma grande cela, e depois de tudo uma delas levantava, ficava em pé, fazia que tirava um revólver, apontava para alguém da platéia e atirava. Era só isso. É que lá dentro isso tinha um poder. Cada uma contando como é que tinha ido parar ali. Então aquilo era uma coisa forte.

No ano seguinte, o resultado de oito meses de ensaio era apresentado com o título de *Cela Forte Mulher*. A cela forte é a solitária, a cela em que as detentas são postas de castigo cada vez que são punidas por infração às regras da prisão. É a prisão da própria prisão.

Estávamos nesta discussão da cela forte. A função de existir a cela forte dentro da prisão começou com este questionamento. Porque até então isso era muito freqüente. Muitas vezes elas não iam pro ensaio porque estavam na cela forte. Então toda vez que a gente chegava tinha esse problema: não vem, não vai ter, pois estava na cela forte. Isso alterava toda a dinâmica. Então a gente resolveu, a partir daí, criar esse universo feminino. Então a capela virou um grande altar. A platéia entrava e lá no centro tinha um manequim com paletó branco, que era a figura do homem, e a capela toda arrumada para um casamento. Todas elas entravam de noiva, com véu. Elas subiam no altar, pegavam aquele paletó e cada uma fazia alguma coisa: uma costurava, a outra lavava, todo o trabalho doméstico em relação ao homem, ao malandro. Então a peça falava da submissão da mulher ao grande malandro. O texto era isso, a visão feminina. Isso na época também tinha um significado forte, porque a música, as artes, o cinema, todo o mundo estava pensando a mulher de uma outra forma. A mulher também se colocava de um jeito diferente. Então esse espetáculo foi muito impactante também, nesse sentido.

O espetáculo conquistou a possibilidade de ser apresentado fora do presídio, o que revela o apoio alcançado pelo projeto por parte da direção da unidade, sobretudo por se tratar de um espetáculo que abordava, de forma extremamente crítica, a questão do abuso de poder, em um período em que a liberdade de expressão ainda não havia sido garantida.

> Não vejo diferença entre eu e tu. Não basta que te acusem, porque eu sei da tua fragilidade, e o todo da culpa é demasiado para que eu carregue.
> Não se divide o mundo em homem e mulher, em branco ou índio, preto ou judeu. Com o olho lúcido da fome, eu percebo apenas uma divisão, uma só: É o fraco e o forte!
> Nós dois que somos vergados por um peso de miséria, nós dois que ficamos fracos na medida em que nosso suor, nossas vidas cevam o pão que alimenta e fortalece o rico.
> Não, não creia na divisão de nós dois, não creia sobretudo na tua aparência de ser livre! Porque liberdade é barriga cheia, é casa decente, é trabalho garantido com salário justo, é escola para nossos meninos. . . Liberdade é saúde para fazer a vida, meu amor! (Costa, 1983, p. 11).

Esse trecho, escrito por Patrícia, diz muito da consciência construída por essas mulheres em relação a sua condição indigna. Da percepção que elas possuem das causas que as tornam vulneráveis, e do quanto isso tudo nos envolve a todos. Esse texto mostra que, ao compreenderem as condições que consideram como causas de seu aprisionamento, essas mulheres passaram a dividi-las conosco. Empregando um sentido social para o conceito tão amplo de liberdade, conferido a partir de uma análise do que é essencial para a dignidade humana, essas mulheres não permitem que nos sintamos tão livres assim.

O processo seguinte, que resultaria no espetáculo *Fala Só de Malandragem*, apresentado de 7 a 31 de janeiro de 1982, representa o momento em que o grupo "questiona os valores e normas da sociedade através da instituição JUSTIÇA, abordando o tema da violência social e criminal" (Costa, 1983, p. 13).

O registro em vídeo deste espetáculo resultou no documentário homônimo dirigido por Denoy de Oliveira, lançado em 1985. Na abertura, o diretor destaca sua surpresa e admiração em perceber que, durante os anos em que a sociedade se sentia amordaçada, um grupo de presas exercia abertamente sua liberdade de opinião.

O filme inicia-se com cenas em que as detentas correm pelo pátio, num jogo de pega-pega proposto como aquecimento. Em seguida, um momento mais concentrado, em que elas estão deitadas sobre um palco, com os olhos fechados, recebendo individualmente uma massagem de Maria Rita. Mais tarde, ela me relatou que aquela cena era resultante de um momento muito tenso, pois no dia anterior havia acontecido uma ameaça de rebelião, o que poderia impossibilitá-las de realizar a apresentação e, conseqüentemente, a filmagem.

São exibidos alguns dos momentos que antecedem a apresentação: mulheres se maquiando cuidadosamente, algumas fazendo o penteado das outras, umas descontraídas e falantes, outras mais reservadas, concentradas. Então é mostrada a platéia, que acompanha a abertura dos portões e é recebida por uma mulher, vestindo um figurino típico de malandro. O espetáculo inicia-se ali, no pátio da prisão. Dois malandros discutem. Um tiro. O cadáver é coberto com jornal.

Em uma cena muito forte, uma detenta que personifica a justiça, com olhos vendados, uma balança em uma das mãos e um martelo na outra, faz o julgamento de cada uma das atrizes, convidadas a relatar suas histórias. Todas são consideradas culpadas, pois nenhuma foi capaz de perceber que atuou exatamente como o sistema político e econômico esperava que elas atuassem. Esse é o veredicto proclamado a todas pela justiça. Porém, no final, todas as condenadas emitem uma sentença à própria justiça, considerando-a também culpada, por sua cegueira e incapacidade em se perceber também como parte de todo esse sistema.

O documentário *Fala Só de Malandragem* foi vencedor do Festival de Brasília, na escolha do público, em 1985. Uma das detentas foi considerada "Melhor Atriz Coadjuvante"; apesar de ser um documentário, ela aparecia como personagem, pois o espetáculo teatral era mostrado na íntegra no decorrer do filme.

Sua repercussão foi um forte argumento contra a instituição da pena de morte no Brasil, tema de forte apelo na época, quando diversos setores da sociedade debatiam os principais tópicos a serem levados em consideração na Nova Constituição Brasileira, que seria aprovada pelo Congresso Nacional em 1988.

Registro semelhante, que também resultou em um documentário, com duração de catorze minutos, foi realizado com o último espetáculo deste projeto, *Nós de Valor. . . Nós de Fato,* apresentado em 1983.

Debruçando-se sobre a figura do palhaço, entendido como um ser explorado e marginalizado, esse espetáculo traçava uma analogia entre o circo e a vida, explorando a idéia de que é preciso abandonar a máscara de idiota, para partir em busca da transformação.

Analisando hoje todos esses trabalhos, alguns pontos merecem ser abordados.

Primeiramente, é preciso valorizar o engajamento da equipe, pois quase todos entravam em uma unidade prisional pela primeira vez e se dispuseram a participar de um processo de trabalho coletivo em um local de tão precárias condições.

Destaco também o apoio da direção da penitenciária. O trabalho era aberto ao público e chamava bastante atenção da mídia, trazendo para a platéia, além do púbico interessado, muitos artistas e políticos. A diretora Suraia Daher expôs-se corajosamente e assumiu os riscos que um evento de tal porte poderia trazer para a rotina da unidade.

Além disso, esse apoio da direção garantiu uma mudança na relação com o corpo funcional, que passou a respeitar o projeto, embora sempre tenha existido má vontade com relação a qualquer atividade que "desequilibrasse" a rotina da unidade.

O final da experiência do projeto na PFC foi abrupto, causado pela fuga de três detentas, que abandonaram o grupo às vésperas de uma apresentação de *Nós de Valor. . . Nós de Fato*, em uma das salas do Centro Cultural São Paulo.

Nesse momento, já meados do segundo semestre de 1983, o projeto lutava para sobreviver, em árduo processo de negociação com a nova direção da unidade, pois Suraia Daher não era mais a responsável pelo cargo.

As tensões desestabilizavam as relações de confiança entre as integrantes, e Maria Rita decidiu que só sairia com o grupo se houvesse garantia de escolta. Para ela, a situação estava fugindo de seu controle, pois o grupo havia aceitado a entrada de muitas pessoas que procuraram o projeto assim que o mandado judicial autorizasse a saída para as apresentações.

A escolta, que fora garantida pelo presídio, foi feita por três policiais femininas, que, segundo Maria Rita, estavam vestidas de saia justa e sapato com salto. A chegada do grupo no Centro Cultural, que deveria acontecer pelo porão do edifício, com portões que poderiam ser fechados para o desembarque do grupo, não foi possível pois a unidade não havia feito a solicitação.

As três fugitivas saíram correndo em plena luz do dia, em um local bastante movimentado, próximo a estações do metrô e com fácil acesso ao centro da cidade.

O espetáculo aconteceu, com a participação de Maria Rita, substituindo uma das fugitivas. Ela contou que só foi possível levar a situação adiante graças à organização das detentas, que tomaram todas as decisões necessárias: redistribuíram as falas, decidiram quem ia realizar determinadas cenas.

Não fosse por intervenção pessoal da diretora, que abriu mão da continuidade do projeto para assumir a defesa das que permaneceram e realizaram a apresentação, todas as detentas teriam sido transferidas para unidades do interior do estado, o que representaria uma injusta punição, pois esses presídios não têm tanta oferta de trabalho e acesso ao judiciário quanto os da capital.

A trajetória de *A Arte como Processo de Recriação em Presídios* é um exemplo significativo da qualidade artística que qualquer processo desenvolvido em uma unidade reabilitadora pode almejar. Essa qualidade é condição essencial para que o trabalho extrapole o nível de sua utilização como "processo reeducativo" pelo presídio, e atinja patamares importantes para a vida dos que com eles se envolvem, presos ou professores, funcionários ou artistas.

Ruth Escobar na Penitenciária do Estado (PE)

Em carta aberta publicada pelo jornal *Folha de S.Paulo*, no dia 30 de dezembro de 1980, Ruth Escobar nos fornece a dimensão do horror que um pequeno incidente pode provocar dentro de uma cadeia:

> No dia de Natal, os presos do segundo pavilhão jogavam futebol no pátio, começou a chover e o guarda mandou recolher. Cinco deles protestaram e o jogo continuou até que alguns disseram que era melhor parar. Um guarda pegou a bola, os presos começaram a sair e no caminho eram espancados pelos guardas que estavam em serviço no pavilhão, comandados pelo chefe da guarda, Amauri. Os presos subiam para suas celas sem reagir quando ouviram os gritos de cinco detentos considerados pela guarda os responsáveis pela desobediência do cancelamento do jogo. Os presos que estavam subindo para as celas desceram em solidariedade aos companheiros e se armou uma pancadaria onde os guardas ficaram em minoria.
>
> Aos gritos dos guardas — ". . . também somos pais de família" — os presos se acalmaram diante das promessas de que não haveria revide, denúncias ou punições. Os presos se encaminharam para suas celas. Quando todos estavam recolhidos, a guarda comandada por Amauri arrastou os cinco detentos (dois deles, Genésio Moreira da Silva e Durval de Morais, ainda estão no hospital) e debaixo de forte espancamento os levaram para a solitária. Nesse instante, os presos do pavilhão dois começaram a gritar em protesto, batendo com as canecas nas grades, juntando-se a esse protesto o pavilhão três. Foi chamada a tropa de choque interna que silenciou violentamente os dois pavilhões. Eram 15h30min da tarde e o presídio estava em total silêncio.
>
> Às 18 horas, na troca de plantão do pavilhão dois, o plantão dois e o que assumia juntaram-se e retiraram da solitária os cinco "líderes" para espancá-los. De novo, o presídio se acendeu na maior gritaria e com os presos do segundo e do terceiro pavilhões, aí já em de-

sespero, quebrando vidros, arrebentando celas e um deles, de alcunha "Marrom", pôs fogo no próprio colchão, encontrando-se em estado grave [. . .].

Eram 19 horas e foi chamado o choque externo que procedeu a uma nova inspeção, cela por cela, e novas violências foram cometidas com os detentos que eram apontados pelos funcionários. Depois que o "choque externo" saiu, alguns funcionários ainda continuaram a "festa" por conta própria, entrando em celas, quebrando vidros de quem ainda não havia se manifestado [. . .].

Sexta-feira, dia 26. O "choque externo" é chamado de novo para fazer vistoria, segundo esclarecimentos da direção. Me pareceu estranho a esta altura dos acontecimentos que algum preso pudesse ser portador de uma arma, pois se o fosse a teria utilizado na noite anterior para revidar ou defender-se da violência.

Entraram 600 homens do choque, equipados com cães para revistar presos, trancados em celas individuais. Um funcionário abre a cela, o preso fica nu, o choque passa o cassetete revistando as nádegas. O chefe da disciplina penitenciária gritava: "Onde tiver vidro quebrado, deixa arreado no chão", e a violência se consumava cela por cela. Neste mesmo dia, a violência também chega ao hospital. Durval de Morais, já gravemente ferido é espancado novamente. Todos estes homens que sofreram todo tipo de violências e humilhações juram que vão dizer a verdade e que não vão se acovardar se tiverem a oportunidade de serem ouvidos. [. . .]. Ignora-se quantos feridos existem. Hoje tomei conhecimento que os vários detentos que fazem parte do grupo de teatro estão nas celas fortes (Escobar, 1982, pp. 151-3).

Daquele momento em diante, Ruth Escobar e a equipe responsável pelo projeto de teatro, desenvolvido desde maio daquele ano dentro das dependências da Penitenciária do Estado, estariam terminantemente proibidos de entrar no presídio. E pouco mais de um mês depois do incidente, seriam acusados de provocar o motim.

Em notícia do *Jornal da Tarde*, de 21 de janeiro de 1981 — "Ruth Escobar, responsável pela rebelião?" (Escobar, 1982, p. 180) —, destaque para uma declaração do então secretário de Justiça, professor Manoel Pedro Pimentel:

> Na máquina infernal que é a prisão de segurança máxima, preso bom é preso anulado em sua personalidade, totalmente submisso ao regime totalitário e repressivo, com perda total do respeito individual. De maneira nenhuma Ruth insuflou a rebelião, mas com sua generosidade de idéias começou a dar aos presos a conscientização de sua individualidade, de seu valor como homem, seus direitos, o que é um estímulo perigosíssimo, é levá-los ao castigo, porque a única maneira do preso reivindicar é insubordinando-se, e, fazendo isso ele sofre a repressão do sistema, onde a primeira regra é anulação do respeito individual (Escobar, 1982, p. 180).

Na fala do professor Pimentel está resumida a essência da lógica prisional, explicando por que razões é tão difícil propor um debate profundo, crítico e radical com os presos. Pois uma vez conscientes da lógica do sistema que sustenta a prisão, a tendência natural é buscar a mudança. E, dentro da cadeia, basta uma reivindicação muito pequena, como a continuidade de uma partida de futebol, para que se tenha de enfrentar conseqüências muito violentas.

Em outubro de 1980, seria apresentado o primeiro trabalho da equipe supervisionada por Ruth Escobar, que recebera o título de *Aqui há Ordem e Progresso*. A direção era de Roberto Lage.

Lage já possuía longa experiência com prática de teatro em presídios de São Paulo. Antes de chegar à Penitenciária do Estado, ele havia coordenado processos teatrais nos presídios de Taubaté, Tremembé, Araraquara e Presidente Bernardes. Criou um método para instaurar esses processos, conforme seu relato:

> A primeira dificuldade era quebrar o preconceito. A segunda era levar esses indivíduos para o palco. Botar esses caras para representar alguma coisa, mesmo que uma brincadeira. Então eu fazia uma analogia entre a representação e os programas humorísticos de tevê,

ou através da própria novela, e então explicar o que era teatro. Mas era muito difícil, num primeiro momento, eles irem lá na frente se expor. Então eu utilizava a música para começar. Primeiro eles então iam cantar acompanhados por um violão, era mais fácil para eles. Aí a gente perguntava o porquê dessa música, por que ele gostava dela, que história essa música trazia. Então eu pedia: "ao invés de cantar, vamos contar essa história". "Você não tem uma historia sua que seja parecida com essa?". Então o processo era sempre por analogias, aproximações. Na penitenciária sempre partia da música, daí para dramatização da letra, da criação de textos por eles, e daí para a representação.[2]

Portanto o trabalho tinha como ponto de partida o universo trazido pelos próprios integrantes, que escolhiam um repertório musical, compartilhado com o grupo e que servia de marco inicial para a criação das cenas. Esse material, ao ser adaptado a uma nova linguagem, a teatral, era objeto de apreciação e discussão por todo grupo. Quando as cenas estavam prontas, eram apresentadas para outras pessoas além dos integrantes.

O teatro, entre outras coisas, é agregador. Eu acredito que qualquer proposta de mudança começa no individual, para aí mudar o coletivo, o social. Quando eu chamava o povo para fazer teatro, todos os interessados vinham. Nem todos estavam interessados no palco, mas estavam interessadas em acompanhar. Mesmo não estando no palco, eu fazia um esforço para que todos percebessem sua importância, a importância do seu trabalho para esta atividade coletiva. Isso não se estabelecia com muita facilidade. Essa preocupação do coletivo na produção de um único evento é que fazia a reflexão deles para o seu cotidiano dentro da casa e que transformava as relações internas todas. Eles começavam a perceber os limites de cada um, as

---

[2] Entrevista realizada com Roberto Lage em março de 2004. Todos os trechos cuja autoria não está citada neste item referem-se a esta entrevista.

diferenças entre cada um e isso diminuía o acirramento de pensamentos distintos. Quando a gente começava a construir as cenas, aí é que eu levava esse elemento da responsabilidade assumida perante o coletivo que impossibilitava você de a qualquer momento desistir. Mas antes disso, era livre. O compromisso devia se estabelecer naturalmente, eu não queria que fosse imposto. A idéia era perceber o compromisso assumido, a sua necessidade, a sua importância naquele coletivo, e ai estar comprometido.

Com a proposta de desenvolver esse processo na Penitenciária do Estado (PE), Lage conseguiu verba da Funarte, mas não conseguia obter autorização do presídio para desenvolver a atividade. Isso se concretizou com a intervenção de Ruth Escobar, atriz e produtora teatral de grande influência nos meios políticos.

O interesse de Ruth Escobar pela questão carcerária já havia mobilizado a realização de uma série de apresentações em presídios do espetáculo *Revista do Henfil*, criação de sua companhia teatral. A peça era uma sátira política e, portanto, levar esse espetáculo para os presídios tinha como objetivo principal prestar uma homenagem aos presos políticos.

O contato com o universo carcerário gerou na atriz o interesse pelas condições de vida do preso comum. Isso resultaria na ação teatral desenvolvida na PE em 1980, cujas apresentações, em outubro daquele ano, seriam proibidas pela direção do presídio.

Diante da grande repercussão provocada na imprensa em torno da proibição das apresentações de *Aqui há Ordem e Progresso*, Ruth declara sua intenção de promover leituras dramáticas, realizadas por atores profissionais, do texto do espetáculo. Também distribuiria cópias do conteúdo para a imprensa, junto com gravações dos ensaios.

As apresentações foram finalmente liberadas, com a intervenção do então secretário de Justiça José Carlos Ferreira de Oliveira, desde que duas cenas fossem cortadas do espetáculo. Ele alegou que a censura aos textos era necessária pois as cenas eram ". . . demasiadamente demagógica. . . contra a religião. . . nitidamente subversiva, contra as autoridades constituintes" (Fernandes, 1985, p. 159).

De qualquer forma, o material aprovado para a apresentação compunha um mosaico bastante realista da realidade dos presos.

A polêmica em torno das apresentações de *Aqui há Ordem e Progresso* garantiu a presença de muitos artistas, autoridades e intelectuais em cada uma das mais de quinze apresentações realizadas pelo grupo de presos. Muitos deles manifestaram sua opinião através da imprensa:

> Quem assistiu à peça "Ordem e Progresso" [. . .] teve a grata revelação de que eles não se preocupam com a liberdade apenas em termos de sua cela, mas sim no seu sentido mais abrangente, como sendo a plena florescência da personalidade humana.
> — Não se pode reter a evolução mental de um homem! Com esta frase, um detento, dizendo-se frustrado, ele que era o autor de uma das duas peças censuradas pela Secretaria da Justiça e que, portanto, não foram apresentadas, se referiu ao arbitrário que atingiu a todos, presos e homens livres, que não puderam ouvir o clamor que vem da prisão. É fascinante constatar que a censura, um cerceamento intelectual, é alvo de protesto por aqueles que têm, de fato, sua liberdade física arrancada, por aqueles a quem nós nos referimos como marginais. — *Luiz Francisco Carvalho Filho*[3] (Fernandes, 1985, p. 159).

O resultado é amplamente positivo, de diversos pontos de vista. Há uma reflexão serena e bem-humorada sobre a vida do presidiário, levando-os, certamente, a conscientizar-se e a conscientizar a sociedade a propósito do confinamento que lhes é imposto. A dramatização dos conflitos atenua as tensões e facilita um diálogo com as autoridades. E a responsabilidade interpretativa, no palco, é um fator decisivo de dignificação humana — Sábato Magaldi[4] (Fernandes, 1985, p. 160).

---

[3] In *O São Paulo*, São Paulo, 7/13 de novembro de 1980. Seção Justiça e Paz Para Todos. Tratava-se de um semanário da Arquidiocese, responsável por publicações de orientação católica. Quem orientava a seção "Justiça e Paz Para Todos" era José Carlos Dias, futuro secretário da Justiça.

[4] In *Jornal da Tarde*, São Paulo, 29 de novembro de 1980.

Estranhei o título. Como podia a ordem nascer do crime, ser o produto da desordem? Seria preciso assistir à peça para perceber que a pergunta é absurda e o título mais que justificado. [. . .]

Violento é o crime, não o preso. Esta dissociação que a peça nos obriga a fazer agora é decisiva. Não fosse a identidade imaginária que o sistema penitenciário estabelece, deslocando a violência de um para o outro, como poderia ele justificar o horror branco (referência à arquitetura da prisão), a cela forte e a fúria de punir?

Reivindicando uma nova ordem na penitenciária, o espetáculo a que tive o privilégio de assistir e devia ser aberto a todos demonstra que a justificativa da lei é vazia e ela só se sustenta porque somos coniventes. Punir e recuperar são exclusivos. Sabemos disso, esquecidos entretanto de que sabemos. Forma de afastar o criminoso que nos habita e ameaça eclodir? — Betty Milan[5] (Fernandes, 1985, pp. 160-1).

Todos os espetáculos eram seguidos de um debate entre presos e platéia, ampliando o alcance de seus temas no público.

Ruth Escobar destaca um outro aspecto relevante das apresentações:

Os espetáculos para os familiares dos presos também foram experiências sensacionais. Muitas destas pessoas, por sua condição econômica, nunca tinham ido ao teatro e quando tiveram a oportunidade de ver os seus filhos, esposos, sobrinhos ou pais no palco representando, uma nova sensação tomou conta dessas famílias, algumas das quais pela primeira vez na vida deixaram de ter vergonha em ver seus familiares presos. Pela primeira vez em muitos anos, alguns destes detentos foram "aceitos" novamente pela família (Escobar, 1982, p. 15).

Vitorioso, o grupo decide preparar um espetáculo especial para as comemorações natalinas. Com direção de Emílio de Biasi, o grupo monta o *Auto do Burrinho de Natal*, de Chico de Assis.

---

[5] In *Folha de S.Paulo*, São Paulo, 11 de novembro de 1980.

O grupo de teatro conseguiu realizar uma grande festa, obtendo permissão para que ela durasse um dia inteiro, com as visitas dos familiares pela manhã e tarde. À noite o espetáculo seria apresentado, encerrando as festividades. Foi permitido também que a comemoração abrangesse todos os pavilhões da PE.

Ruth Escobar descreveu assim este dia:

> Depois de 50 anos, os presos conseguiram este dia de Natal; o dia 21 de dezembro de 1980 ficou marcado para aqueles 1.200 detentos e para as famílias como o Natal que jamais esquecerão. A confraternização foi geral. O que se viu foi emocionante. [. . .] Para o Natal também, o grupo e Teatro preparou uma peça, *O Auto do Burrinho de Belém*, de Chico de Assis, que foi mostrada ao Cardeal Evaristo Arns, detentos e à administração. A evolução de nosso trabalho, depois de sete meses e meio de atuação estava crescendo a olhos vistos (Escobar, 1982, p. 16).

O espetáculo seria reapresentado no dia seguinte. O que aconteceu foi a catastrófica ação da direção do presídio sobre os detentos nos dias 25 e 26 de dezembro, ao enviar os integrantes para diferentes presídios no interior do estado, impossibilitando a continuidade do trabalho. Ruth Escobar foi acusada de insuflar a rebelião, o que resultou na proibição a todos os artistas ligados ao projeto de entrarem na unidade.

A declaração de Roberto Lage sobre esse tipo de situação, em que o sistema declara guerra a uma atividade que promovia um envolvimento real do preso e uma reflexão mais profunda em níveis individual e social, nos dá a dimensão do problema a ser enfrentado:

> O que eu constatei e que me desestimulou a continuar fazendo um trabalho em penitenciária é que era inevitável uma mudança de comportamento dentro do sistema. O cara que está ligado a uma atividade teatral dentro da penitenciária, o que ele muda de relação, de comportamento, de atitude, de posicionamento dele em relação ao mundo, em relação a si mesmo é muito grande. Isso já está com-

provado há muito tempo, essa força que o teatro tem como instrumento transformador.

A disciplina, a organização interna de um presídio é pela relação de crime-castigo. Sofrer punição quando sai do preestabelecido. Esse tipo de postura começa a ser muito discutido pelo preso quando ele começa a fazer teatro. Ele começa a rever sua situação, ele quer dialogar, ele quer conversar sobre, ele quer propor novas formas de relação.

Isso em geral ameaça muito a direção da unidade. Eles se sentem enfraquecidos. A direção se utiliza da rivalidade interna entre gangues como instrumento disciplinar. Ela se apropria disso para criar diferenciais, privilégios. Então não interessa para a direção que se elimine essa rivalidade.

Isso se repetiu sempre: as pessoas ligadas ao teatro que modificavam seu comportamento interno, que adquiriam um outro grau de dimensão crítica acabavam sendo muito mais perseguidas e castigadas do que os outros. Então, fazer com que o indivíduo melhorasse e se aperfeiçoasse era fazer com que ele fosse mais perseguido. Eu me sentia responsável por isso, e impotente frente a isso. Tentando denunciar, fazer coisas, mas não interessa para o sistema que se acabe com a idéia de castigo por alguma transgressão, e foi por isso que eu acabei parando de trabalhar.

Todas as mudanças promovidas pelo trabalho dos artistas do Teatro Ruth Escobar pouco pesaram na avaliação dos dirigentes da unidade, quando estes decidiram acusar o teatro de promover a rebelião, provocada na verdade pela incompetência de um dos funcionários. É em situações como essa que o sistema revela toda a sua lógica punitiva e pouco aberta a propostas diferenciadas de trabalho.

Demoraria quinze anos para que outra proposta com o termo "teatro" em seu título recebesse autorização para acontecer na Penitenciária do Estado. E mesmo assim, com a recomendação de que não repetisse o grave incidente promovido pela experiência anterior. "O nome da diretora daquele projeto (Ruth Escobar) foi invocado com um ódio e uma malignidade que nem parecia que o incidente havia ocorrido quinze anos antes daquela reunião com as autoridades prisionais" (Heritage, 1998, p. 231).

O Projeto Teatro nas Prisões da Funap

O Projeto de Cultura elaborado pela Funap foi construído ao longo de sua atuação nos presídios, à medida que ia assumindo essa função. Sua primeira contribuição foi a criação e manutenção dos *Postos Culturais*, que são instâncias administrativas ligadas ao Setor de Educação de cada unidade penal.

Cada *Posto Cultural* é gerido por um funcionário preso remunerado pela Funap, que fica responsável pela organização de eventos esportivos e das festas tradicionalmente comemoradas nos presídios: a Páscoa, o Dia das Mães, a Festa Junina, o Dia dos Pais, o Dia das Crianças e o Natal.

A partir de 1995, uma outra iniciativa provoca grande repercussão na comunidade carcerária. Tratava-se do Projeto Drama, cujas origens e desdobramentos se consolidaram em um longo período, que vai desde 1995, quando o projeto é concebido, até final de 2001, quando o programa deixa de receber o apoio da diretoria então recém-nomeada da Funap.

O início do projeto é marcado por uma parceria entre a Funap e outras duas instituições: a Universidade de Manchester, através do *TIPP Centre* (*Theatre in Prison and Probation*) e a Universidade Estadual de Campinas (Unicamp).

O *TIPP Centre* é um centro de pesquisas teatrais cujo objetivo é integrar técnicas dramáticas a propostas pedagógicas e terapêuticas no sistema penitenciário inglês, atuando dentro das unidades penais e nos programas de liberdade condicional (*probation*). Naquele momento, o principal responsável pela divulgação das propostas do *TIPP Centre* no Brasil era o professor e diretor teatral Paul Heritage, cuja trajetória profissional esteve ligada, desde muito cedo, a trabalhos em presídios.

Ele veio pela primeira vez ao Brasil em 1991, e já em 1993 iniciou a implementação de um projeto de teatro na Penitenciária da Papuda, situada na capital federal.

> Embora a Funap tenha começado a transformar as condições materiais e as provisões educacionais na Papuda, em 1992 ainda não havia um programa cultural e assim eu fui convidado a tentar a implantação do trabalho teatral na prisão. Isso começou em janeiro de 1993 com dois grupos de presidiários, um no CIR (unidade de segurança máxima) e o outro no Núcleo de Custódia (uma unidade semi-aberta). Ambos são institutos masculinos, mas sete mulheres eram trazidas ao Núcleo todos os dias da prisão de mulheres para criar o primeiro grupo de gênero misto. [. . .]. Todo dia, durante o projeto, as mulheres eram recolhidas de suas celas e então marchávamos em formação com uma escolta armada, por uma linha amarela, até as salas de ensaio do outro lado do pátio da prisão masculina. Sinto uma grande admiração pela bravura dessas mulheres e grande respeito pelos homens que, nunca, nem uma única vez, gritaram obscenidades ou críticas negativas ao cruzarmos seus territórios (Heritage, 1998, pp. 71-2).

Assim, desde o princípio, o trabalho rompia com uma questão penitenciária de valor crucial, que é a separação entre os sexos, mostrando que a convivência entre as populações feminina e masculina daquela unidade poderia acontecer sem incidentes.

Em entrevista que realizei com Heritage,[6] ele enfatizou a ausência de uma metodologia previamente elaborada em sua experiência na Papuda. Para ele, o processo tinha pontos de partida diversos, que originavam procedimentos de direção específicos, de acordo com as características desenvolvidas por cada grupo. Ele prefere definir o trabalho como criação coletiva, em que opções eram feitas para garantir a qualidade do espetáculo.

> No passado, tornou-se característica comum do teatro na prisão (e talvez de outros projetos similares) que o momento mais importante para os profissionais do teatro é nas oficinas e nos ensaios, e

---

[6] A entrevista aconteceu no dia 25 de agosto de 2004, na sede do People's Palace Projects, na capital do Rio de Janeiro, durante a realização do III Fórum Mudança de Cena.

que o processo em si, e não o produto, é fundamental para a realização do projeto. Freqüentemente isso é expresso mais em termos de um processo de cura que de aprendizagem, focalizando o trabalho individual dentro de um grupo a fim de se adquirir várias habilidades sociais. Isso se molda muito satisfatoriamente na estrutura de um sistema punitivo que se concentra em reformar um indivíduo cuja presença é considerada tanto um perigo como uma ameaça dentro da comunidade social. A atuação é vista com freqüência simplesmente como completando uma função mais importante do "verdadeiro" trabalho que é executado nas oficinas. No Brasil, contudo, a representação foi vista como completando uma função mais importante. Em primeiro lugar, justificou o trabalho e, dessa forma, permitiu um desenvolvimento do projeto. Assim, na primeira apresentação da peça sobre escravidão havia convidados especiais do Departamento de Justiça, da Universidade de Brasília e do Consulado Britânico, que estava financiando o projeto. O corpo administrativo da prisão que estava presente na apresentação também incluía o secretário de Segurança assistindo à peça entre os detentos. A conseqüência direta dessa apresentação foi um convite para continuar o trabalho. A prova do que se alcançou teve de ser mostrada na representação. Isso foi, entretanto, mais do que uma simples mistura bizarra de pessoas reunidas sob vigilância armada, para assistir uma peça sobre a opressão do sistema judiciário brasileiro. O que o acontecimento tornou visível foi o poder extraordinário do teatro de facilitar um diálogo que jamais poderia acontecer em outras circunstâncias. Até agora esse diálogo era numa só direção, mas pelo menos a representação reverteu a direção habitual e realçou o foco central da verdadeira representação teatral (Heritage, 1998, p. 73).

Como resultado, o presídio construiu, em agosto de 1994, dentro de suas dependências, uma sala para ensaios e realização de espetáculos teatrais.

Pouco depois, um convênio entre Unicamp, Funap e o *TIPP Centre* daria início à elaboração do piloto do Projeto Drama — DST/AIDS, a partir de dois cursos de formação em técnicas dramáticas ministrados por Paul Heritage e James Thompson para professores e alunos do Departamento de Artes Cênicas da Unicamp, técnicos de cultura e monitores de educação de adultos presos da Funap. O objetivo principal desse processo era garantir a formação de uma oficina que pudesse instaurar, para grupos de vinte a vinte e cinco presos, um debate sobre o tema das DST/AIDS.

Estamos diante de uma proposta muito clara, a da utilização da linguagem teatral como meio para transmissão de conteúdos e construção de conhecimento sobre temas que, aparentemente, ganham novos significados e diferentes graus de interesse quando discutidos à luz da prática cênica e expressiva.

As propostas do Teatro do Oprimido nasceram e foram sendo sistematizadas por Augusto Boal. Datam da década de 1970 seus principais escritos; publicados ao longo da década seguinte, deram visibilidade a suas idéias sobre a utilização do teatro para promover a conscientização dos oprimidos e, portanto, a transformação das relações sociais de opressão.

Em síntese, as idéias fundamentais do Teatro do Oprimido repousam sobre as principais referências utilizadas por Boal para construir o corpo de sua teoria: a opção por um teatro político, condensadas nas propostas do Teatro Épico, de Bertolt Brecht e na Pedagogia do Oprimido, do pedagogo brasileiro Paulo Freire.

De Brecht, Boal utiliza a crítica ao teatro dramático, com sua concepção ilusionista do teatro, o que impediria o público de estabelecer uma relação crítica com a obra que lhe é apresentada. Para provocar um outro tipo de relação entre platéia e obra, Brecht elabora a idéia do *estranhamento*, que obrigaria o público a refletir constantemente sobre a cena e, a partir disso, promover um debate sobre a sociedade.

Mas Boal se denomina mais radical que Brecht, pois incentiva, além da relação crítica entre a encenação e o público, a participação efetiva deste nos rumos em que a obra pode tomar. Um espectador pode, durante uma apresentação de teatro-fórum, interromper a encenação e tomar o lugar de um dos atores, alterando os desdobramentos previamente ensaiados para a cena.

O teatro-fórum é visto como um ensaio para a tomada de uma atitude verdadeiramente revolucionária, quando o espectador estiver diante de uma situação real de opressão. Portanto a cena desvela quais tipos de opressão estão escondidos em nosso cotidiano social, e promove um debate sobre as melhores formas de combatê-la.

Durante o ano de 1998, a equipe contava com cinco duplas de profissionais responsáveis pelo desenvolvimento da oficina, duas eram responsáveis pelos presídios da capital e três desenvolviam o trabalho em presídios do interior. O modelo do trabalho definido para cada oficina tinha duração de dez horas, divididas em cinco encontros de duas horas cada.

No ano seguinte, o trabalho ganha continuidade e aprofundamento. O CTO (Centro de Teatro do Oprimido) torna-se parceiro oficial do projeto, e, assim, ele passa a ser implantado em 36 unidades prisionais e atinge 9.500 detentos, além de promover a difusão das técnicas dramáticas desenvolvidas pelo CTO para praticamente todo o corpo funcional dos setores educacionais dos presídios.

Nos dois anos seguintes, 2000 e 2001, o projeto continuou, abordando outra temática. O Projeto Drama — Direitos Humanos em Cena já criava polêmica a partir do título:

> Atualmente, quando pronunciamos as palavras Direitos Humanos dentro das prisões, instigamos as paixões mais viscerais e intensas. Quase que automaticamente, presos e funcionários vinculam os Direitos Humanos a um grupo específico de proteção a presos e presas, mas que pouco faz sentido. Para eles, o "tal pessoal dos Direitos Humanos" são geralmente senhores e senhoras distintos que sempre desejam entrevistar os sentenciados sem a presença dos guardas e após a inspeção nunca mais retornam.
>
> Esta visão mítica construída no sistema prisional sobre os Direitos Humanos revela o quanto a garantia dos valores fundamentais é algo distante daqueles que vivem ou trabalham nas prisões. [. . .] Com qual grau de certeza podemos afirmar que a repulsa aos Direitos Humanos por parte de presos e funcionários está vinculado ao fato destes direitos não serem plenamente garantidos a eles? (Araújo, 2002, p. 66).

Assim, o Projeto Drama amplia seu alcance, atingindo diretamente não só a população presa, mas também os funcionários do presídio, ambos convivendo em um mesmo ambiente que não lhes garante a plena efetivação dos Direitos Humanos.

O modelo de oficina proposto então por esse novo projeto era semelhante à oficina realizada no Projeto Drama — DST/AIDS: cinco encontros com duas horas cada. No entanto, a prática teatral agora era valorizada desde o primeiro encontro. Isso representa um avanço em relação ao projeto anterior, que se debruçava sobre a criação da cena apenas nos dois últimos dias.

Esta maior preocupação com a criação teatral atendia também a outro desafio proposto: apresentação pública das cenas de teatro-fórum em encontros regionais, ampliando o alcance do debate provocado pelas cenas. O projeto atingiu trinta e quatro unidades prisionais em todo o estado, e em 21 delas foi realizada também a apresentação das cenas produzidas na oficina para a comunidade interna da prisão.

O encerramento do projeto aconteceu em 12 de dezembro de 2001, no Memorial da América Latina, na cidade de São Paulo. Aí foi realizado o Fórum Estadual — Direitos Humanos em Cena: Teatro nas Prisões, reunindo todos os responsáveis pela realização do projeto.

No evento, foram apresentadas três cenas de teatro-fórum: uma representada por agentes de segurança penitenciária, outra representada por um grupo de presidiários e uma por um grupo de presidiárias.

No encerramento, dois presos e dois guardas leram para a platéia um documento contendo todos os artigos escritos pelos grupos que realizaram as oficinas e resultaram nas *Declarações dos Direitos Humanos do Sistema Penitenciário de São Paulo* (Ilanud, 2002, pp. 91-4).

Assim, as propostas desenvolvidas nas sessões de teatro-fórum encontrariam continuidade e efetivação em outra proposta de Boal, denominada Teatro Legislativo (Boal, 1996).

> O Teatro Legislativo permite que sugestões levantadas pela platéia de teatro-fórum possam ser transformadas em leis. [. . .] Todo o espetáculo de Teatro Legislativo envolve, além dos atores e platéia,

advogados e representantes legislativos. Estes últimos têm o papel de refletir sobre as cenas e propor projetos de lei. Ao final da sessão, os projetos de lei criados são encaminhadas pelos legisladores competentes, se forem referendadas pelo público (Araújo, 2002, p. 57).

No entanto, essa fase do projeto não chegou a acontecer. Procurar entender por que uma proposta aparentemente tão bem-sucedida acaba sem explicações consistentes obriga a uma análise mais apurada da situação.

Aparentemente, havia uma mudança de rumos impressa pela diretoria recém-nomeada da Funap, que alterou significativamente o quadro de gerentes e técnicos da Geduc, substituindo por novos profissionais os que ainda defendiam a continuidade da presença das técnicas dramáticas na formação dos monitores.

No entanto, o principal motivo do encerramento do Projeto Direitos Humanos em Cena encontra-se justamente nos limites de questionamento tacitamente acordados e aceitos pelos dirigentes de políticas prisionais. Esses limites, uma vez postos à prova, provocam grande mal-estar cuja resolução depende de uma reorganização de poderes. Isso resulta na preferência pela manutenção do poder já estabelecido, que busca pequenas alterações estruturais para, no fim, deixar a prisão como ela é.

Ao fornecer ao preso a possibilidade de criar uma lei capaz de transformar a rotina carcerária, é possível que o sistema tivesse de enfrentar a reação dos grupos que não apóiam o fato de que um detento seja co-autor de uma proposta capaz de melhorar a qualidade de vida na prisão.

Esse encerramento abrupto, sem justificativa convincente, diz muito sobre a Secretaria de Administração Penitenciária e sua relação com o teatro: é de seu interesse até o momento em que causa certa repercussão na mídia, utilizando o resultado de longos processos artísticos para se mostrar progressista, questionadora de sua prática e aberta a sugestões. No entanto, a situação real das prisões ainda prevalece, nas assustadoras imagens que ilustram suas rebeliões freqüentes.

Capítulo 3
MULHERES DE PAPEL

Conheci o trabalho de Jorge Spínola em meados de 2000, por intermédio de uma colega, a atriz, professora e diretora de teatro Lígia Borges, que havia realizado um estágio com ele no Centro de Observação Criminológica (COC), no Carandiru, acompanhando o processo que resultou no espetáculo *A Pena e a Lei*, interpretado por presos a partir do texto de Ariano Suassuna.

Anteriormente, em 1999, Jorge havia conseguido construir, pela primeira vez, um espetáculo teatral dentro de um presídio, após uma série de tentativas frustradas em outras instituições (Penitenciária Feminina do Butantã e Penitenciária de Guarulhos). Tratava-se de *O Auto da Compadecida*, de Ariano Suassuna, criada ao longo de um ano e meio de processo no interior do já referido COC.

O COC era uma ala do Complexo do Carandiru destinada ao cumprimento de pena a sentenciados que recebiam tratamento especial dentro do sistema penitenciário, sobretudo por correrem risco de vida, caso submetidos a um tratamento penal comum. Homens condenados por estupro, policiais corruptos, justiceiros (os que matam por profissão, e não por defesa própria) e políticos ou servidores públicos que haviam cometido crimes contra o patrimônio público e estelionato.

Enquanto na maioria dos presídios o corpo funcional ainda se concentra nas áreas de disciplina e segurança, deixando de lado reabilitação, educação e trabalho, o COC era um modelo de atuação em todas as áreas.

Foi nesse ambiente que Jorge finalmente conseguiu organizar uma rotina para o desenvolvimento da atividade teatral. Inserido nos quadros funcionais da Funap como monitor de educação, ele deu início à oficina de teatro dentro do espaço escolar, com permissão do setor de reabilitação. E bastou a leitura de algumas páginas do texto de Suassuna para que o grupo se decidisse pelo *O Auto da Compadecida*.

A estréia aconteceu e a direção do COC passou a apoiar incondicionalmente o projeto. O espetáculo conseguiu circular por outros presídios e também fora da cidade de São Paulo.

Suassuna toma conhecimento da montagem, mas não pôde assistir ao espetáculo. Ele certamente teria apreciado a cena final de seu auto representada por homens presos. Quando o personagem João Grilo é absolvido em julgamento divino e recebe da Compadecida uma segunda *chance*, talvez não fosse difícil para o público entender que aquele momento concentrava um pedido de perdão também dos que interpretavam a cena, mediado pela ficção do autor pernambucano.

Em 2000, o grupo estréia *A Pena e a Lei*, que seguiu os mesmos passos do espetáculo anterior: apresentações dentro da própria unidade, apresentações em outras penitenciárias e apresentações em teatros como o Tuca e o Sérgio Cardoso, na cidade de São Paulo.

O processo contou com a participação da atriz Alexandra Tavares, que abria assim caminho para a entrada de mais interessados em partilhar da experiência de criação teatral em presídios. Permitir a presença de uma atriz dentro de uma instituição tão rígida demonstrava a confiança da direção do COC no trabalho, confiança testada diariamente a cada novo entrave provocado pela instituição e derrubado pela repercussão alcançada pelo trabalho.

Em 2001, o grupo encena *O Rei da Vela*, texto reconhecidamente difícil e de estilo bem distinto das comédias farsescas de Ariano Suassuna. Trata-se de obra contundente, que data de 1933, mostrando um Oswald de Andrade impregnado de crítica às estruturas de manutenção de poder da burguesia, revelada na construção ácida de um panorama trágico para os que acreditam nos valores do capitalismo.

O Rei da Vela foi convidado, pelo próprio diretor do Teatro Oficina, Zé Celso Martinez Correa, a se apresentar no emblemático edifício que serve de palco, há mais de trinta anos, para as históricas encenações de um grupo que é referência na trajetória das lutas de resistência cultural do teatro brasileiro.

Este longo percurso se encerra com a desativação do Carandiru e a transferência da maior parte dos integrantes do grupo para a Penitenciária do Tremembé.

Em setembro de 2002, um ano depois do fim do COC, durante um seminário realizado pelo IBCCRIM — Instituto Brasileiro de Ciências Criminais, um grupo de duzentos advogados, juízes, cientistas sociais e funcionários de elite do sistema prisional assistiu à derradeira apresentação de *O Rei da Vela*, reorganizada com muito esforço.

No teatro do luxuoso Hotel Maksoud Plaza, a platéia acumulou-se nas últimas fileiras, uma atitude que só podia denotar uma espécie de temor ante o que poderia acontecer sobre o palco. No final da apresentação, antes mesmo de encerrarem os aplausos, a cortina desceu e enquanto o mestre de cerimônias convidava a todos para o coquetel de encerramento, os agentes de segurança algemavam cada um dos atores, levados embora sem possibilidade de se despedir. Artistas despidos de sua máscara, obrigados a voltar à sua condição de presidiários.

Presenciei esta cena porque, nessa época, já trabalhava com Jorge Spínola desde 2 de maio daquele ano. Nessa data, às 15 horas, eu deveria estar diante do portão de entrada da PFT (Penitenciária Feminina do Tatuapé). Havíamos combinado a hora e o local por telefone, mas ali tudo parecia precário e tenso: o agente de segurança responsável pela portaria observava meus movimentos, provocando uma sensação de desconforto. Imagino que ele estranhasse alguém parado por muito tempo no portão de entrada, mas não havia lugar para encostar ou sentar, e ao mesmo tempo eu ainda não tinha permissão para entrar.

Quando Jorge chegou, tivemos de aguardar um certo tempo até que o responsável pela portaria resolvesse permitir nossa entrada. Quando o fez, não percebi nenhuma tentativa de ser agradável.

De nossa parte, foi e continuou sendo sempre o oposto: lutávamos para estar sempre sorridentes e bem-humorados, realizando um enorme esforço para esconder o quanto ficamos indignados por nos deixarem esperando longo tempo diante do portão, por termos de ouvir comentários equivocados com relação ao trabalho que realizávamos, pela brutalidade com que éramos revistados.

Esse ritual se repetiria ao longo dos dois anos seguintes. Era uma rotina que passaria a ser natural, mas naquele primeiro dia só serviu para aumentar minha tensão e gerar um medo que até então eu não atribuiria àquele lugar.

Muitas impressões ficaram desse primeiro dia. A de que me recordo melhor era a sensação de vitalidade que o cotidiano das presas expressava, em contraste ao marasmo consolidado no aspecto dos agentes penitenciários. Preocupadas em sobreviver e em preservar o máximo de referências do mundo externo, a maioria delas corria contra o tempo, estava agitada. O que eu esperava encontrar nas aprisionadas, como a sensação de inutilidade e as perspectivas de vida consumidas pela falta do que fazer, em verdade eram características mostradas pelos agentes penais.

A PFT foi transformada, recentemente, em um CDP. Na época ela ainda comportava quinhentas mulheres divididas em quatro pavilhões com celas onde poderiam morar até cinco pessoas. Nunca foi considerada uma instituição-modelo, apesar de oferecer às presas oportunidades de trabalho e educação, no Setor de Reabilitação, no qual estão inseridas também as atividades esportivas e artísticas, incluída aí a oficina de teatro.

Porém, o trabalho oferecido às detentas não passava de atividades simples, repetitivas e maçantes, e a escola não ia além o ensino fundamental. Quem deseja concluir o Ensino Médio deve recorrer a telecursos de ensino à distância, e os cursos profissionalizantes oferecidos são bastante simples, e com esforço podem vir a garantir o sustento fora da cadeia, como o curso de cabeleireiro ou de corte e costura.

As oficinas artísticas e atividades esportivas constituem práticas de lazer, oferecidas entre o horário de trabalho estabelecidos pelas firmas e o da contagem final, que precede o fechamento das celas e determina o fim da circulação das presas pelos pavilhões.

A oficina de teatro aconteceu, durante o ano de 2002, entre dezessete e dezenove horas, três vezes por semana; os horários eram ampliados e os dias alterados conforme as necessidades e possibilidades das integrantes, sobretudo às vésperas da estréia.

No ano seguinte, profundas alterações na estrutura do trabalho marcaram uma nova fase do projeto. Assim, para melhor analisar as especificidades de cada período, prefiro abordá-los separadamente, com a preocupação de não demarcar territórios artificiais, pois há uma ligação orgânica e profunda entre esses dois momentos. São processos irmãos, ligados por uma série de elementos que tornam fluida a percepção da continuidade entre eles, sem que isso prejudique a percepção das claras distinções que caracterizam cada uma dessas fases.

Mulheres de Papel em 2002

Antes do início de minha participação como estagiário de observação, em maio, o grupo já havia começado a se encontrar desde março. As inscrições eram abertas a qualquer presidiária que estivesse interessada em participar da oficina de teatro três vezes por semana durante duas horas. As inscrições eram realizadas na biblioteca da unidade.

O local onde a oficina se desenvolveu até meados de novembro era bastante significativo: a capela, situada ao lado das salas de aula. No ambiente penitenciário, onde se está o tempo todo sob vigilância, a noção de privacidade, muitas vezes tão cara ao trabalho teatral, perdia importância a cada vez que o ensaio era interrompido pela intromissão de algum agente de segurança, ou que os gritos por atenção de alguma presidiária invadiam o ambiente, mesmo quando dirigidos a outras áreas.

Nos dois primeiros meses, a proposta de trabalho era a experimentação de jogos do Teatro do Oprimido, que Jorge conhecia muito bem, graças a sua experiência no CTO durante todo o tempo em que participou do Projeto Drama.

Mas, segundo me relatou, essa proposta não estava de acordo com as expectativas do grupo. As integrantes estavam começando a faltar e reclamavam da diferença entre o que elas esperavam de uma oficina teatral e o que acontecia nos encontros. Não reconheciam o que estavam fazendo como teatro e disseram o que desejavam: uma história, um texto para decorar e um personagem para representar.

Mulheres que praticamente nunca haviam freqüentado uma sala de espetáculos batalhavam, no espaço de ensaio reservado pelo presídio, para fazer valer sua própria idéia de teatro, negando as tentativas do diretor para explicar os fundamentos teatrais existentes nas práticas que realizavam.

Ouvir as opiniões de um grupo de presos e levá-las em consideração é algo raro no contexto penitenciário. Os membros da equipe dirigente teriam o poder de obrigar todas as presas que se inscreveram a permanecer no trabalho até sua conclusão. Isso seria bastante cômodo para Spínola, que não enfrentaria objeção a sua prática, pois não restaria outra alternativa às participantes senão fazer o que elas fazem o tempo todo: obedecer.

No entanto, o diretor já sabia que precisava mostrar para as presas que consideraria suas opiniões, mostrando-lhes a disposição de construir um ambiente de convivência baseado em um outro tipo de relação, na qual elas poderiam expressar opiniões com a certeza de que estas não seriam desprezadas ou desvalorizadas.

Com papel na mão
Diante do vínculo recém-iniciado com as integrantes e com a instituição e compreendendo a possibilidade de perder o espaço na Penitenciária do Tatuapé, Jorge decidiu ceder. E o texto que ele escolheu foi *Homens de Papel*, de Plínio Marcos, que retrata o cotidiano de um grupo de catadores de papel, que sobrevivem do lixo produzido pela sociedade, e nele se confundem, na paisagem dos grandes centros urbanos brasileiros.

Refletindo sobre a condição miserável desses homens e mulheres, o autor concebeu uma metáfora sobre as dificuldades das classes menos favorecidas em manifestar suas opiniões contra um modelo exploratório de produção, no qual a maioria está inserida.

O fato de os diálogos estarem conectados à ação e não em debates intelectuais, propondo seqüências dramáticas claras e bem encadeadas, além de possuírem uma linguagem significativamente simples, tornava o texto bastante eficiente para o tipo de processo de criação que Jorge passou a desenvolver.

O texto estabelecia uma ponte entre as participantes da oficina e as propostas da direção, que criou um sistema de improvisações bastante distinto de uma simples transmissão de marcações. Agora, com texto em mãos, ou apenas com trechos memorizados após uma ou duas leituras, elas tinham um problema coletivo para resolver, que era dar realidade cênica às palavras escritas no papel.

O texto não foi recebido de uma vez. Isso gerava uma expectativa positiva com relação ao destino das personagens e ao desfecho da peça, produzindo um espaço de debate muito interessante sobre a história daqueles personagens. Esses debates invariavelmente desembocavam em temas mais amplos que recontextualizavam as situações apresentadas pela peça. Assim as integrantes do processo podiam estabelecer conexões entre a cena e suas experiências vividas dentro ou fora da prisão.

Tratava-se de uma reflexão ativa, instigadora de novas possibilidades de interpretação e significado. Assim, noções de certo e errado, dever e direito ou autoridade e submissão podiam ser revistas, remodeladas e transformadas por meio de uma outra abordagem, nascida da prática artística.

Por isso era tão importante a variedade de integrantes do grupo: além das integrantes presas, do Jorge e de minha presença, cada vez mais inserida nas improvisações, o processo passou a contar, a partir de meados de junho, com a participação de Sérgio Oliveira e de Alexandra Tavares, atores que acompanhavam o trabalho de Jorge desde o COC.

A presença do denominado "grupo de fora" foi bastante importante porque ela possibilitou o desenvolvimento, nas integrantes da oficina, de um olhar diferente para os "mistérios" do trabalho do ator. Queriam entender como se processava a criação de outras atitudes, outras vozes, outros gestos que enriquecessem essa segunda natureza, que é o personagem.

O fato de a oficina teatral receber pessoas que não faziam parte do contexto penitenciário possibilitava uma interação não só das presas entre si, mas também o confronto de suas opiniões com as de pessoas que vinham de fora e não as tratavam com a indiferença típica da grande maioria dos funcionários. Era uma troca em que os diversos participantes podiam sair surpreendidos.

Vale ressaltar aqui que o texto não sofreu nenhum corte por retratar um ambiente possibilitador de óbvios paralelos com o mundo da carceragem. A alteração mais significativa foi a adaptação dos nomes de personagens masculinos para seus correlatos femininos e as conseqüentes mudanças que isso acarretava no contexto em que ele estava inserido. O título do espetáculo passou a ser *Mulheres de Papel*. Apenas os personagens Berrão, Tião e Coco continuaram a ser representados por homens.

Não houve, entretanto, nenhuma distribuição definitiva de personagens no início do processo, uma vez que no contexto penitenciário nunca se sabe ao certo até quando se pode contar com a presença de um participante. Para contornar este problema, havia um acordo, entre Jorge e as participantes, de que só seria definido quem assumiria os papéis depois de muita experimentação.

A idéia de que o personagem escolhe o ator e não o ator o personagem é um princípio dessa forma de trabalho, chamada de "curingagem". Em um contexto em que não se está discutindo técnicas de interpretação, mas a realização de uma montagem que possibilite o contato do grupo com o fazer teatral, o processo é conduzido de tal forma que todos possam viver todos os personagens ao menos uma vez.

Dessa forma, todos os integrantes do processo têm a oportunidade de realizar improvisações de acordo com as situações vividas por vários personagens, e assim encontrar pontos de contato entre suas características pessoais e as características das personagens.

A qualidade com que essa identificação se desenvolvia, seja por prazer em vivenciar determinadas situações, seja por interesse em relação ao personagem, resultou na escolha definitiva da distribuição dos papéis, em geral feita a partir de um debate entre os integrantes do grupo e o diretor.

Não era incomum que possíveis trocas na distribuição dos personagens gerassem conflitos: quando se improvisa um personagem por um certo tempo, consolida-se um vínculo com as descobertas que ele possibilitou, com o fato de já haver decorado algumas falas, enfim, com a criação realizada a partir dele. Todavia esta opção pela indefinição criava um olhar especial para o trabalho dos outros, uma vez que, a qualquer instante, poderia chegar sua vez de improvisar outro personagem.

Muitas vezes, as trocas eram realizadas pela direção com o intuito de despertar do marasmo as participantes que se acomodavam em seus papéis, abandonando a criação e se apegando a uma repetição desinteressante de propostas para o personagem. Outras vezes, as trocas eram feitas como discreto pedido de atenção ao trabalho para as integrantes menos empenhadas.

Assim, antes de cada improvisação, definia-se quem seria o responsável pela leitura de cada personagem e, sentados em círculo, líamos as cenas em grupo. Depois, as cenas eram esquematizadas verbalmente em uma seqüência de ações (era solicitado a alguém que relatasse o que acontecia no texto), e então partíamos para a improvisação.

Durante a realização das improvisações, o desafio inicial não era o de acertar a ordem das falas do texto ou dizê-lo com as palavras escritas pelo autor. O principal objetivo era realizar a cena até o fim, portanto o desafio estava em criar a seqüência de ações cênicas que iriam compor o seu desenvolvimento.

O objetivo desse procedimento era possibilitar uma apropriação ativa do texto, por meio da prática, do acerto e do erro em cena, e não por meio de leituras ou métodos de memorização de falas.

Sempre era reafirmada a necessidade de que todos relessem o texto também fora da oficina. Porém não bastava decorá-lo, pois durante as improvisações, percebia-se o quão desinteressante era ver o ator apegado a "deixas", preocupado com o final da fala que um outro deve dizer.

Essas improvisações também continham outros objetivos além da relação com a dramaturgia. Elas ampliavam a construção de conceitos da linguagem teatral, como a necessidade do foco, a relação de parceria e contracenação, a concentração, a capacidade de situar-se no espaço em relação ao todo da cena e ao público, vencer o receio de propor novidades e desestabilizar o resto do grupo e, por conseqüência, obter a prontidão necessária para responder a propostas dos companheiros durante o jogo.

Construíamos toda segunda-feira um cenário improvisado, dinâmico, feito de colchões velhos, placas de madeira, um sofá estragado e muitas caixas de papelão e de madeira, na tentativa de compor um ambiente que remetesse a uma série de pequenas moradias situadas em um canto sujo qualquer.

Às sextas-feiras o ambiente era desmontado para que os cultos das Igrejas Católica, Universal do Reino de Deus e Renascer em Cristo fossem realizados durante os finais de semana.

Os limites relativos ao trabalho corporal aparecem na falta de disponibilidade que elas dispensavam às improvisações: o tempo era curto, o que impossibilitava propostas de aquecimento físico, e era difícil partir de brincadeiras simples como pega-pega, uma vez que elas não se entregavam ao brincar com facilidade.

Durante os ensaios, ficavam evidentes as dificuldades surgidas cada vez que as participantes eram expostas a situações que exigiam um mínimo de contato físico. Nascia um senso de autopreservação cuja conseqüência mais grave acabava sendo o fim de uma proposta de jogo que visava possibilitar uma ampliação do contato entre elas.

Era a constatação prática de que o modelo prisional constrói o que Foucault denomina de "corpos dóceis" (Foucault, 1987, p. 125): os horários determinados, o modelo de obediência a que os internos são submetidos, a aniquilação dos impulsos individuais para melhor adequação às normas mantidas por vigilância constante, tudo isso resulta em uma reestruturação do que se demonstra fisicamente, gerando um tipo de consciência que aniquila a espontaneidade e impossibilita a expressão de gestos e pensamentos.

Os embates físicos propostos pelas situações encontradas no texto foram pouco a pouco rompendo algumas dessas barreiras. Dentro de certos limites, esse contato entre as integrantes do grupo foi sendo construído, contextualizado pelas exigências do próprio texto. Isso validava, para as integrantes, propostas de jogos que conduzissem à ampliação do contato físico entre os atores. Aos olhos das integrantes, não se tratava mais de um "jogar por jogar", reclamação que elas faziam em relação aos primeiros meses de processo. O que acontecia agora tinha sentido, era norteado pelo texto e uma necessidade para a realização com qualidade da encenação.

Um dos momentos mais surpreendentes aconteceu durante um jogo entre uma atriz presa e Sérgio, que deviam simular um embate de forças opostas enquanto diziam palavras aleatórias do texto.

O jogo não acontecia, principalmente porque a atriz não conseguia falar, preocupada que estava em acertar o texto. Em determinado momento, quando foi solicitado a ela que dissesse o que lhe viesse na cabeça, ela começou a expressar trechos de sua própria fala. Em certo ponto, ela diz um palavrão e abandona a improvisação por um instante, para expressar sua surpresa. Ela olha para a platéia e sussurra: "Meu Deus! Aqui na cadeia eu não posso falar palavrão!".

Estava ali, diante dos olhos de todos, a dificuldade complexa da preservação da distância entre um jogo de representação e a vida. Da separação confusa, mas necessária, entre o homem e a máscara, entre teatro e realidade. E é evidente que construir esse conceito, aparentemente "natural" para os artistas, revela-se um dos desafios fundamentais para quem se envolve em práticas cênicas com não-profissionais.

Procurava-se a ampliação do envolvimento com o universo ficcional, a fim de se erigir uma criação baseada na liberdade em relação ao texto e aos parâmetros de comportamento cotidiano, com o intuito de construir uma autoria grupal a partir da prática cênica sobre o texto. No entanto, a todo momento éramos relembrados das fronteiras impostas pela prisão, não apenas com relação às limitações práticas que a instituição pregava através de suas regras, mas também pelo próprio código de conduta construído nos subterrâneos das relações entre as próprias presas.

Assim, era preciso lidar com uma série de imposições criadas pela instituição penal, que chegavam até nós de forma declarada, em solicitações explícitas, ou de maneira escusa, através de "recadinhos" ou atitudes grosseiras de alguns funcionários, que devíamos interpretar para desvelar seus significados, lidar com eles e garantir a continuidade do processo.

Tínhamos também de tratar das limitações instauradas pelas próprias presas, sempre atentas a não ferir sua imagem diante das outras internas, caso o teatro precisasse questionar, muitas vezes sem essa intenção, alguma norma muito específica do código ético arraigado ao seu cotidiano.

Os palavrões do texto seriam também os responsáveis pela primeira reclamação da direção do presídio com relação ao nosso trabalho. E eles revelariam também que construir a noção de ficção era mais fácil para as presas, do que para a própria diretora da unidade, pois até a estréia do espetáculo esta fazia questão de negar que cada palavrão estava perfeitamente contextualizado no universo ficcional proposto por Plínio Marcos.

Vinte mulheres presas participaram do processo, mas apenas dez chegaram até a estréia. Dez sobreviventes. Das outras dez, três "pagaram sua dívida com a sociedade" e recuperaram sua liberdade; três foram transferidas e as outras quatro abandonaram o processo em diferentes estágios de seu desenvolvimento. Todas elas marcaram o trabalho e suas contribuições permaneceram no resultado final, graças à continuidade de uma linha de criação garantida pela "curingagem".

Até agosto, participou também dos ensaios Petronilha Lúcia Flora da Silva, à época a chefe da Seção de Educação, uma funcionária do presídio. Sua participação foi importante não apenas por sua entrega aos desafios do fazer teatral, mas porque simbolizava um "desvio" ético em relação a uma norma instaurada nos códigos de conduta de um funcionário de presídio: a de sempre zelar pela clareza formal da distância entre as atividades destinadas aos presidiários e as realizadas pela equipe dirigente.

Tratava-se de um ato transgressor, estabelecendo uma nova perspectiva entre as instâncias da hierarquia penitenciária. Símbolo ou não de novos tempos, o fato é que a responsável pela Seção de Educação esteve ali, realizando uma atividade ao lado das presidiárias para aprender junto com elas, e não para vigiá-las, medi-las, controlá-las.

Regras

Ao longo de todo o processo que culminou com a estréia de *Mulheres de Papel*, merece destaque, no tipo de condução orientada por Jorge Spínola, uma ação que residia nos "subterrâneos" de nossos ensaios.

"Subterrâneos" pois, em uma oficina denominada *Oficina de Monta-*

gem Teatral, o que está em evidência é a criação de um espetáculo teatral. Esse é o objetivo principal da reunião, em torno do diretor, de todas as presas que atuaram na encenação.

O que está oculto, portanto na zona subterrânea, é o processo da construção de um contrato de grupo. Podemos definir um contrato de grupo como uma série de acordos coletivos decididos entre os integrantes do processo com o intuito de realizar um projeto em conjunto. Um contrato está comumente associado ao universo das leis e é responsável por estabelecer as regras, os direitos e deveres das partes envolvidas nas situações regulamentadas por ele.

No caso de determinadas produções teatrais profissionais, um contrato é assinado entre artistas e produtores a fim de regulamentar as bases do trabalho artístico a ser desenvolvido. Ele explicita um regime de trabalho, valores a serem pagos e todas as condições que delimitam o vínculo entre o artista e a produção artística, estabelecendo critérios que, não sendo cumpridos por alguma das partes envolvidas, contratante ou contratado, resultam em penalidades preestabelecidas.

Por outro lado, em um processo teatral vinculado a propostas pedagógicas, e nas condições específicas de uma prática realizada dentro de uma prisão, promover um regime de contratação nos moldes descritos anteriormente seria a aniquilação de um processo particularmente importante.

Jean Piaget (1896-1980), em *O Juízo Moral na Criança* (Piaget, 1994), apresentou bases científicas para a compreensão da construção do conceito de regras pelos homens. Trata-se do único estudo sobre moral produzido por ele em toda sua trajetória como estudioso do desenvolvimento da inteligência humana, e é ainda hoje uma referência essencial sobre o assunto.

Sua abordagem inaugurou a idéia de que há um processo de atribuição de sentidos, pelo homem, à prática das regras. De acordo com suas hipóteses, essa relação entre prática e consciência das regras caminha no sentido da conquista da autonomia.

No que se refere à prática das regras, ele constatou a presença de quatro estágios, sendo o primeiro aquele em que as regras praticamente não produzem efeitos sobre a criança (motor e individual), passando a seguir para uma fase em que elas já se fazem notar, porém não são compreendidas em termos sociais (egocêntrico).

O terceiro (cooperação) já revela indícios de uma preocupação em uniformizar as regras que norteiam o jogo coletivo, preocupação esta que leva à consolidação do quarto estágio (codificação) em que elas se tornam patrimônio do grupo, estabelecendo critérios uniformes a todos os jogadores.

A evolução da prática das regras encontra desenvolvimento equivalente nos estágios de aperfeiçoamento de sua consciência: anomia (ausência da consciência sobre as regras), heteronomia (obediência a regras por meio da coerção ou por respeito a sua origem "adulta" ou "mística") e autonomia (consciência da prática das regras).

Piaget constatou que, por volta dos dez anos de idade, um indivíduo já começa a sinalizar a presença de uma moral autônoma, ou seja, a regra passa por uma elaboração consciente, e a decisão de respeitá-la ou transformá-la ganha uma intencionalidade subjetiva. Assim, o respeito às regras estaria vinculado a uma construção pessoal de sentidos pela manutenção desse código de leis, que possui sempre uma reverberação coletiva.

> No momento em que as crianças começam a se submeter verdadeiramente às regras e praticá-las segundo uma cooperação real, formam uma concepção nova da regra: pode-se mudá-las, com a condição de haver entendimento, porque a verdade da regra não está na tradição, mas no acordo mútuo e na reciprocidade (Piaget, 1994, p. 82).

Autonomia é um conceito que nasce em oposição à heteronomia, obediência a regras por coerção. O homem autônomo é aquele que segue as regras por consciência de seu significado e sua importância para o coletivo, e está disposto a alterá-las sempre que as considerar inúteis ou incompletas.

Assim, autonomia não é um conceito que se confunde com individualismo, pois está preocupado com a reverberação de opiniões pessoais na organização coletiva. É por isso que Piaget afirma que a democracia é o sistema político ligado à idéia de autonomia, enquanto o autoritarismo está em sintonia com a heteronomia.

Durante nossos ensaios na PFT, e na medida em que os integrantes do grupo iam estabelecendo importantes vínculos com aquele processo, foi se tornando cada vez mais essencial a consolidação de um contrato erigido em comum acordo e respeitado mutuamente por todos os envolvidos.

Na verdade, uma espécie de pré-contrato existia desde o momento em que os encontros tiveram início. Nos cartazes em que a oficina era divulgada já havia um horário estabelecido, os dias da semana em que os encontros aconteceriam, enfim, existiam elementos que sinalizavam a presença de algumas regras.

Mas isso não significa muita coisa, pois a validade de uma regra se constrói no sentido a ela atribuído por aqueles que lhe estão sujeitos. E foi por investir na construção de significados para o contrato de grupo, valorizando-o perante o esforço coletivo de realizar um espetáculo teatral, que o processo de *Mulheres de Papel* nos remete às teorias do juízo moral propostas por Piaget.

A cadeia estabelece com o indivíduo encarcerado uma relação essencialmente heterônoma, se é que podemos chamar isso de relação. Isso porque o presídio é

> aparelho disciplinar exaustivo. Em vários sentidos: deve tomar a seu cargo todos os aspectos dos indivíduos, seu treinamento físico, sua aptidão para o trabalho, seu comportamento cotidiano, sua atitude moral, suas disposições; a prisão, muito mais do que a escola, a oficina ou o exército, que implicam sempre numa certa especialização, é "onidisciplinar". Além disso a prisão é sem exterior nem lacuna; não se interrompe, a não ser depois de terminada totalmente sua tarefa; sua ação sobre o indivíduo deve ser ininterrupta: disciplina incessante. Enfim, ela dá um poder quase total sobre os detentos; tem seus mecanismos internos de repressão e de castigo: disciplina despótica. Leva à mais forte intensidade todos os processos que encontramos nos outros dispositivos de disciplina. Ela tem que ser a maquinaria mais

potente para impor uma nova forma ao indivíduo pervertido; seu modo de ação é a coação de uma educação total (Foucault, 2004, p. 199).

Nas palavras de Foucault, a síntese das ações de um presídio sobre os condenados. Nesse ambiente, puramente disciplinar, o respeito às regras é obtido por coerção e medo. A obediência é fruto da reafirmação exaustiva dos castigos e da vigilância onipresente.

Mas se a heteronomia é marca da relação entre o sistema penal e seus apenados, esse é também o tipo de relação estabelecida pelos presos entre si. É a força bruta que faz valer as leis próprias do cotidiano dos presos entre si.

Essa lógica está arraigada em relações que constituem uma rotina permeada por medo e violência, em que as infrações são punidas com a própria vida do que não seguiu o "proceder".

Se nos remetermos novamente a Piaget, recordaremos que a heteronomia está ligada ao egocentrismo, estágio em que a prática das regras está pouco ligada à subjetividade. A obediência acontece por medo da punição, e o indivíduo não é capaz de se perceber como modificador das leis, simplesmente porque a relação que estabelece com elas não o impele a criticá-las. Permanece alheio aos processos que regem as normas a que está submetido e, dessa forma, está praticamente condenado a acatá-las, por mais injustas que sejam.

A cadeia quer indivíduos com esse comportamento. Do contrário, ela não seria o que é, um centro de vigilância e manutenção de sua ordem interna conquistada com castigos, ameaças e alijamento de privilégios.

Mas a função da prisão, ao menos a explicitada pelos seus dirigentes, é a ressocialização, sendo considerado ressocializado aquele que demonstra bom comportamento, que é obediente.

As noções de juízo moral lançadas por Piaget provam que almejar a obediência é muito pouco. Principalmente quando ela é compulsória, conquistada com punições constantes.

Quem, em liberdade, está sujeito a tanta vigilância? Quem, em sociedade, está submetido a tantas normas e a tanta força bruta quanto um indivíduo encarcerado? Ouso responder que ninguém.

E faço essas questões porque a cadeia lida com infratores da lei. São homens e mulheres condenados e presos por infringirem leis e regras importantes para a sociedade. E eles passam muito tempo atrás das grades sem refletir sobre isso: leis e regras.

Essas considerações vêm à tona no momento em que é preciso abordar o processo de *Mulheres de Papel* em um de seus pontos mais fascinantes: a partir do desafio coletivo de construção de um espetáculo teatral, Jorge Spínola ofereceu às atrizes e o difícil processo de enfrentarem a lei, agora não como réus, mas como deliberadoras do próprio contrato de trabalho.

Esse debate esteve presente em muitos momentos e afirmo que foi essencial também para as conquistas artísticas do grupo. Pois sem esses debates, tudo indica que a autoria das atrizes em relação ao espetáculo teria sido de outra ordem.

Piaget vincula a conquista da autonomia com o momento em que o indivíduo, deixa de se relacionar com elas de forma egocêntrica e passa a se perceber como propositor e modificador das leis, desde que estabelecidas em acordos mútuos.

A regra deixa de ter um valor em si e passa a ser alvo de discussão. Nessa relação, o egocentrismo perde espaço, pois o indivíduo passa a respeitar não mais a regra pela regra, mas a regra de acordo com as necessidades consentidas em parceria. O indivíduo não está mais apenas submetido às leis, ele é responsável por elas.

Dependendo do tipo de processo teatral, o vínculo entre reflexão e ação pode vir a ser substituído por uma relação autoritária entre um diretor e seus atores. Neste caso, uma proposta que deveria ser de construção de saberes artísticos, portanto de conscientização sobre a prática teatral, acabaria se transformando em uma relação de subserviência, em que os atores apenas realizam o que lhes é solicitado, sem vínculo real com a criação encenada.

Um trabalho assim não estabelece relações passíveis de conscientização, não estimula a construção de saberes e, portanto, priva os participantes de emitir opiniões, reduzindo-os a seres que obedecem. Não são estimulados a construírem sua autonomia e, não sendo considerados dotados de idéias e referências sobre a prática que realizam, não podem propor nenhuma mudança, nenhum aperfeiçoamento, nenhuma crítica.

Nosso processo era conduzido em outros moldes. Jorge demonstrava saber que o resultado de um espetáculo em cena dependia do quanto o grupo se considerava autor daquela criação. Para isso, o grupo precisava expressar suas idéias e opiniões. Precisava vê-las transformadas em cenas testadas e praticadas, avaliadas pelos outros componentes, reensaiadas, reencenadas e, por fim, definitivamente inseridas ao espetáculo.

O espaço de discussão era materializado em nossas rodas. A roda era o espaço da palavra: todos eram chamados a contribuir, com opiniões e sugestões, nos temas e problemas que emergiam dos debates.

Podiam ser solicitadas por qualquer um dos integrantes do trabalho, mas normalmente aconteciam no início e antes do encerramento de cada encontro, por proposição do diretor.

Era comum iniciarmos debatendo a cena recém-realizada. Pouco a pouco, a discussão tomava dinâmica própria, de acordo com as necessidades artísticas e estruturais do grupo.

A roda se transformou em um espaço importante daquele coletivo. Evitava que críticas parecessem ofensivas a quem eram dirigidas, pois o que era dito passava a ser um patrimônio do grupo, e não um boato sem autoria.

Instituiu uma rotina de troca de idéias e garantia repercussão para as sugestões e opiniões trazidas por qualquer um dos integrantes. Dessa forma, validava a participação no debate, o que se traduzia em respeito para com os diferentes pontos de vista explicitados.

A roda foi, para grande parte dos integrantes, responsável pela construção de uma atitude de atenção pelo que era dito e instauradora de um exercício de reflexão coletiva que poucas pessoas, mesmo fora da prisão, estão acostumadas a enfrentar. Dela nasceram muitas idéias e sugestões que, em ação, deram solidez ao espetáculo e construíram um ambiente de respeito e carinho daquele grupo pelo seu próprio trabalho.

Considerando a duração do processo, nove meses até as apresentações, era normal que de tempos em tempos surgisse um afrouxamento nos princípios que estabeleciam nosso contrato.

Atrasos e faltas freqüentes de algumas integrantes desestimulavam as que chegavam no horário e ficavam esperando. Além disso, entre os meses de agosto e setembro daquele ano de 2002 houve uma série de "baixas" entre as participantes: houve a transferência de algumas delas para outras penitenciárias e a conclusão do cumprimento da pena de uma das mais ativas participantes do projeto, que não obteve permissão para continuar o trabalho, a despeito de seu interesse.

As integrantes ainda tentavam trazer outras companheiras, mas não surtia efeito, pois as novas participantes não se envolviam com o trabalho. Uma das razões para isso certamente era a ausência do mesmo tipo de vínculo construído pelas atrizes durante tantos meses de ensaio.

Muito se discutiu sobre a importância de se evitar os atrasos, mas eles sempre aconteciam, sobretudo em dias "especiais": uma vez por mês era o "dia de pagamento", e elas tinham de pagar ou receber as dívidas adquiridas com outras presas.

Outro dia problemático para os ensaios eram as segundas-feiras. Depois da visita no domingo, elas estavam visivelmente mais sensíveis, angustiadas pela saudade e pelas lembranças do mundo com o qual não lhes era permitido manter contato.

Era hora de escutar suas reclamações, compreender as dificuldades que elas criavam para iniciar o trabalho, mas evitando que sessões de "terapia de grupo" tomassem conta do processo. Apesar da relevância que atribuíamos a seus desabafos e reflexões, muitas vezes tentávamos apresentar a elas outras maneiras de enfrentarem seus problemas.

A lista de inscrições para a oficina sempre esteve à disposição de Jorge. Ele poderia pedir para que os agentes trouxessem as integrantes inscritas nas datas e horários por ele estipulado. Seria o fim do problema com atrasos. E para que ninguém abandonasse os ensaios, bastaria registrar o ocorrido aos laudos das presas, que provavelmente permaneceriam por medo das possíveis interpretações de tal fato.

Ele poderia desrespeitar o tempo necessário para que cada participante construísse vínculos com a proposta criadora, e simplesmente propor que se memorizassem as falas o mais rápido possível, passar-lhes a "marcação" das cenas e estrear o quanto antes.

No entanto, o processo era conduzido em outros parâmetros. Havia a obrigação com a montagem, mas isso não nos impediu de estimular discussões aparentemente exteriores ao resultado teatral, mas surgidas da necessidade de elaboração de um contrato de grupo.

Um contrato essencial, pois era necessária uma consciência da especificidade territorial dos ensaios teatrais dentro do cotidiano acachapante da prisão. Era preciso compreender novas bases de convivência, que não estariam mais submetidas a um controle coercitivo externo, mas estariam reguladas pela manutenção e necessidade de sua preservação pelo próprio grupo.

Em um espaço completamente mantido pelo poder heterônomo, o teatro procurava funcionar por meio de princípios de autonomia e de gestão participativa. Tarefa da qual íamos tomando consciência aos poucos, enfrentando a hostilidade de quem preferia simplesmente obedecer e considerava mais eficiente evitar o debate.

Ao mesmo tempo em que ocorriam os desafios instaurados para a realização de um objetivo comum, o de montar uma peça, acontecia também um encontro entre as atrizes e sua própria capacidade de tomar decisões coletivas, capacidade aniquilada pelo contexto penal em que estavam inseridas.

Elas encontravam, nos momentos destinados à "Oficina de Montagem Teatral", um espaço onde suas opiniões seriam levadas em conta, pois eram necessárias para a qualidade do resultado final do processo. Idéias eram estimuladas, alterações de horários e datas de ensaio eram avaliadas, problemas de ordem pessoal que produziam efeitos na rotina do grupo deveriam ser expostos para todos, e não mais só para o Jorge, o que evitava desconfianças de favorecimento.

Essa maneira de compreender, dentro do processo, o valor da prática diária de um posicionamento contra tudo o que desfavorecesse o trabalho, encontrava o seu oposto em todos os outros tipos de relação consagrados pela cadeia.

Tínhamos uma noção muito clara do alcance de nossa ação: discussão e tratamento sem distinções eram princípios dentro do espaço promovido pelo teatro. Fora dele, ainda era preciso obedecer.

Isso também foi um princípio acordado por todos nós: envolvermo-nos o mínimo possível em discussões com funcionários para evitar qualquer atitude passível de punição, pois a ausência de algum integrante comprometia o desenvolvimento do ensaio.

A estréia
Quando a primeira apresentação aconteceu, para um público de cem presas, durante a segunda semana de dezembro, um alívio inspirador tomou conta do grupo.

No início de outubro, uma série de problemas de diferentes origens havia ameaçado a continuidade do processo, forçando o grupo a renovar seu posicionamento em relação à dedicação ao teatro. Isso aconteceu porque não poderíamos mais considerar natural que, tão próximos da estréia, ainda fosse possível abandonar o processo, como haviam feito duas integrantes.

A relação com a unidade tornava-se cada vez mais delicada, principalmente quando agentes encontraram, durante uma inspeção, roupas diferentes do uniforme da prisão. Eram figurinos usados em nossos ensaios.

Havíamos reparado que os botões da maioria das camisas e detalhes como laços ou lantejoulas estavam sumindo. Mas não nos preocupávamos em contar o número de peças de roupa ou trancá-las em um baú, como passou a ser feito.

Tranqüilidade é uma atitude que não funciona no presídio. A direção foi muito clara e avisou que aquele fato era motivo suficiente para encerrar a presença do teatro na unidade.

Jorge pediu então um posicionamento sincero de cada integrante em relação a seu interesse em continuar até o final. Foi a primeira vez que vi aquelas mulheres debaterem com clareza as razões que as obrigavam a faltar e chegar atrasadas. Não estavam inventando desculpas; posicionavam-se e procuravam fazer valer suas motivações, negociando com todas as pessoas do grupo. O tom da discussão não era de troca de acusações: era um debate sobre o sentido de continuar lutando por aquela experiência, caso se chegasse à conclusão de que as razões das ausências e atrasos eram mais importantes.

Dessa conversa, algumas frases anotadas em meu diário de bordo: "Quando eu cheguei aqui, teatro era terapia. Hoje é compromisso"; "Hoje eu não quero partir pra briga, eu quero escutar primeiro"; "Eu não vou pagar mico, por isso é bom assumir a responsabilidade com a gente!".

Depois desse dia, algumas mudanças aconteceram, principalmente porque fomos obrigados a mudar o espaço de nossos ensaios. A capela, onde os ensaios até então aconteciam, seria transformada em uma fábrica. Foi-nos oferecido um pátio de outro pavilhão. Era um espaço enorme, muito diferente daquele a que estávamos habituados. Ele evocava um canto abandonado sob um viaduto, o que fazia sentido para o espetáculo.

Isso nos obrigou a ampliar a quantidade de dias e o horário dos ensaios, também para nos dedicarmos à construção e manutenção dos figurinos e do cenário, atividades nas quais participavam todos os integrantes do processo.

Com a ampliação do tempo e a proximidade da estréia, dispúnhamos de um tempo maior para nossas rodas. Não havia mais a pressa em sair da conversa antes de tê-la terminado, pois a direção do presídio permitiu que as atrizes voltassem para a cela depois do horário da tranca, que era às 19 horas.

As rodas passaram a comportar temas ligados às cenas, dúvidas sobre a nova configuração e o espaço. Não concentravam mais discussões de interesse puramente pessoal; não eram mais o momento de expor dificuldades que nada tinham que ver com o trabalho do grupo.

Era o momento aberto às sugestões de todos os integrantes com relação a nossos encontros para compartilharmos idéias sobre a própria prática e percepção sobre o trabalho, sem que houvesse desconfiança de que se pretendia desvalorizar as idéias dos outros.

Foi ficando claro que ali estava acontecendo um processo verdadeiramente especial para as pessoas envolvidas em *Mulheres de Papel*. A consciência do valor atribuído por cada integrante em relação ao coletivo, aprendendo a se posicionar diante das questões abarcadas pelo processo, no âmbito da criação cênica e das questões estruturais dos encontros, era uma conquista evidente para aquelas mulheres.

Tudo isso transparecia no resultado cênico, pois quem assistiu às apresentações viu um grupo integrado e emocionado com a possibilidade de mostrar um trabalho do qual se orgulhava, porque simbolizava uma vitória ante as dificuldades provocadas pelo presídio, e pelas próprias integrantes, antes de decidirem levar o processo até o fim.

Durante nossa terceira apresentação, uma das atrizes caiu e aparentemente havia torcido o pé. Mesmo assim, realizou o espetáculo até o fim. Seu pé estava muito inchado, e ela foi encaminhada à enfermaria do presídio.

No dia seguinte, ela ainda não havia sido atendida. Diante dessa situação, as apresentações foram canceladas, para forçar a unidade a levá-la a um pronto-socorro. Ela estava com o pé quebrado.

Com o cancelamento das apresentações, em meados de dezembro, não sabíamos quais as perspectivas de continuidade para o projeto. As respostas viriam apenas no ano seguinte, quando a Funap decidiu dar um crédito até então inédito para uma atividade cultural em presídios.

Mulheres de Papel em 2003

A repercussão positiva atingida pelas três apresentações de *Mulheres de Papel* possibilitou a proposição de uma maneira diferenciada de organização da oficina teatral dentro da PFT. Foi elaborado um projeto que visava a consolidação da presença da oficina de teatro na penitenciária, com o intuito de ampliar o vínculo das presas com o processo, ao mesmo tempo que garantisse, para a Funap, a certeza de que *Mulheres de Papel* pudesse ser levado para um congresso que o IBCCRIM (Instituto Brasileiro de Ciências Criminais) realizaria no final de setembro de 2003.

As presidiárias receberiam um pagamento equivalente a meio salário mínimo para estarem vinculadas, durante meio período, ao teatro.

A Funap sempre contratou presos para realizar diversos trabalhos dentro de presídios, sobretudo para cargos em que uma maior penetração na população carcerária ampliasse a repercussão da atividade. Eram cargos ligados às atividades de organização de eventos culturais e festividades dentro da prisão, apoio aos monitores educacionais ou aos bibliotecários. Também eram contratados para trabalhar em fábricas de móveis de propriedade dessa fundação. Mas na oficina de teatro, pela primeira vez, seria instituída uma bolsa-salário como pagamento a uma atividade que não tivesse o objetivo de produzir bens materiais ou eventos avaliáveis e pré-programados.

Seriam doze bolsas, o que significava, para o presídio, doze novos postos de trabalho. Isso alterava a relação entre a instituição penal e o teatro, pois, aceitando as novas condições do projeto, o presídio também deveria zelar pelas condições de sua plena realização. Assim, não poderíamos mais aceitar situações comuns no ano anterior, quando determinados agentes dificultavam o acesso das integrantes aos ensaios, atrasando a abertura dos portões ou impedindo-as de sair dos pavilhões.

A Funap garantiu também, pela primeira vez, um pagamento aos atores que acompanhariam o processo. Dessa forma, estava criada a categoria do ator-formador, que receberia uma ajuda de custo, equivalente a pouco mais que um salário mínimo, para que continuasse a existir, no processo, a presença de profissionais.

Nessas novas condições, os encontros tiveram início em março daquele ano.

Os primeiros ensaios foram realizados em uma das salas de aula. Quando ela voltou a ser usada pela escola, passamos a nos encontrar em um espaço que dividíamos com o curso de corte de cabelo. Era um espaço com espelhos e cadeiras típicas de salão de cabeleireiros, em que não cabíamos todos. Depois de muitas reclamações, fomos para uma sala muito boa, mas que servia de passagem entre o corredor de acesso ao pavilhão e as fábricas que nele estavam alocadas.

Isso significava que a todo momento éramos interrompidos para a passagem das trabalhadoras, para a entrada de matéria-prima ou saída da produção, o que começou a gerar tensões entre as integrantes do grupo e as outras presas. As atrizes sentiam-se ignoradas no pedido que faziam para que não interrompessem tanto os ensaios. Criou-se um impasse, pois era óbvio que as outras presas não estavam atrapalhando propositadamente.

A questão foi resolvida quando o presídio finalmente cedeu um espaço recém-abandonado por uma confecção. Tratava-se de um salão situado no primeiro andar do Pavilhão II. Havia aí espaço suficiente para a construção de uma arquibancada com sessenta lugares para o público. Assim, os ensaios aconteciam no local em que seriam realizadas as apresentações, garantindo a todos uma familiaridade com o espaço.

Outro fator de preocupações foi a adaptação de algumas das integrantes à nova realidade. Para as novas integrantes e para as que já haviam participado do processo no ano anterior e que trabalhavam meio período, a possibilidade de se dedicarem somente ao teatro foi recebida com muita alegria. Duas integrantes abriram mão de empregos em tempo integral, pelos quais recebiam salário maior, para permanecerem no grupo de teatro, o que denotava o grau de importância atribuído ao teatro.

Mas uma das mais engajadas, Karla, não podia sair de seu trabalho, pois sua família dependia do dinheiro que ela enviava todo mês. Essa questão foi a primeira de muitas polêmicas resolvidas após longos debates na roda. Ela poderia permanecer no processo, mesmo chegando aos ensaios por volta de quatro e meia da tarde, enquanto o grupo se encontrava a partir das duas. O encerramento deveria acontecer às seis horas. Karla não poderia receber a bolsa, que foi destinada a uma nova integrante.

Nesse momento, a resolução mostrou a compreensão das componentes do grupo e uma vontade de manter o trabalho sem grandes alterações na distribuição das personagens, conquistadas ao longo do processo no ano anterior. Mas, aos poucos, essa decisão teria contrapartida na organização dos ensaios.

A proposta de "remontagem" de *Mulheres de Papel* valia-se do conhecimento já construído em relação à peça. Mas havia um número grande de novas integrantes que estavam apenas iniciando o processo.

Assim, o trabalho devia ser desafiador para as que já conheciam a peça e, ao mesmo tempo, devia proporcionar descobertas que instigassem as novas a construir vínculos com a prática teatral.

Agora, não havia mais como esconder o enredo para gerar debates: a peça já era patrimônio de uma parte daquele grupo. Isso muitas vezes intimidava as novas participantes, que não sabiam o que fazer, e limitava a criação das outras, preocupadas em reproduzir as cenas como já haviam feito.

Esse apego nasceu, de certa forma, com a aceitação das condições necessárias para que Karla permanecesse no processo. Isso consolidou um vínculo com os antigos papéis e limitou o surgimento de novas configurações e distribuições de papéis.

A solução encontrada para que o ambiente de trabalho não ficasse reduzido a uma mera reconstrução do espetáculo anterior foi uma significativa alteração da rotina do trabalho.

Os encontros seriam divididos em duas partes. A primeira, que não contaria com a participação da Karla, seria dedicada à curingagem, ou seja, os papéis seriam distribuídos com o intuito de que cada um "jogasse" com o personagem. Os atores deveriam improvisar os trechos lidos, com foco na criação de novos pontos de vista sobre as cenas e as personagens. Todos deveriam estar atentos às propostas de cada um, pois a improvisação seria avaliada coletivamente e tudo que se julgasse interessante deveria ser preservado para a "versão IBCCRIM".

A "versão IBCCRIM" era ensaiada na segunda parte do ensaio, mais ligada à criação das personagens definitivas, e na manutenção das cenas elaboradas em consenso com a direção. Era uma versão ainda em processo, porém com referências mais elaboradas de utilização espacial e que criava um certo sentido de "responsabilidade" entre os integrantes do processo.

As atrizes valorizavam o desafio do "passadão", quando a improvisação não podia parar. Os erros deveriam ser incorporados, as falhas disfarçadas e, juntos, todos devíamos preservar a qualidade dessa apresentação simulada. Era uma prévia do momento da apresentação com o público, onde se comprovaria a qualidade do envolvimento de cada uma com o teatro.

A partir do final de julho de 2003, a unidade passou a permitir a entrada de um gravador, que eu utilizava para registrar algumas de nossas conversas e debates. Com as gravações, pôde-se construir um pequeno panorama do processo desenvolvido, das questões que ele abarcava, tanto em relação à elaboração das cenas, quanto em relação a problemas de ordem estrutural.

Em 28 de julho, debatíamos as impressões causadas pelo primeiro ensaio aberto. Para muitas das integrantes era a primeira vez que estariam representando diante de uma platéia alheia ao processo.

É uma transcrição longa, mantida aqui na íntegra com o intuito de se preservar o clima da discussão, contextualizando as falas dentro da lógica de um debate importante para o grupo:

Cena I (28/7)

J — Vocês sentiram a diferença de apresentar para alguém?

L — Muita. Eu senti a responsabilidade de fazer certo, a autocobrança. . .

J — Autocobrança pra dar conta.

MH — O medo de errar.

J (*Para M.*) — Você joga, né? Vence os medos, né? Agora quando é com a gente fica ali, sofrendo e fazendo a gente sofrer. Qual é a diferença? Vou ter que trazer platéia todo dia! (*Risos.*) Só que nem sempre o processo dentro do teatro é criação na frente de platéia, e o interessante é justamente isso, quando junta tudo o ator se completa. O desafio agora é a gente, eu não acertar algumas coisas, pra começar a ver e não ficar com aquele monte de maluco ou de louca fazendo o trabalho. Por exemplo, me incomoda ver que toda vez que a Cícera faz a Nhanha e quando acaba, ela está desgastada, quer dizer, o que a gente pode fazer para ela fazer tudo aquilo com certa sanidade? É o nosso desafio. Como é que a gente faz pra perceber que tem momentos em que tudo pára. Dá pra perceber isso que eu falei?

L — Na sexta-feira foi muito claro. Eu gostei porque todo mundo se mexeu. Não teve uma que ficou encostada de braços cruzados. E é assim, como eu comentei com a Cícera, é como se a cada espetáculo, a cada ensaio, a gente tivesse apresentando tudo de novo. Sexta-feira todo mundo investiu as últimas moedas, então eu acredito que baseado nisso é que foi ao extremo. Tava todo mundo assim: tem roupa, tem louça, tem chão pra limpar. Então vamos começar: joga o sabão no chão, vai ali lava uma louça, estende uma roupa, ninguém terminou o que tinha que ser feito, mas todo mundo fez.

C — Eu tava cansada, com falta de ar.

J — Mas você enganou. Ninguém via isso, muito pelo contrário, via uma louca!

C — A hora que eu fui bater no Berrão, eu tava tão cansada que eu pensei assim, eu tenho que ir, eu tenho que fazer. . .

J — Então achou o motivo, e às vezes no ensaio, quando a gente fala, qual é o motivo que faz ligar pra funcionar. Pois na sexta ficou claro: era uma platéia de três pessoas que tínhamos a missão de seduzir pra ganhar o figurino!

X — Foi legal porque eu contracenei com três Maria-Vai diferentes, mas acho que fui a mesma Noca.

J — Foi bom porque na hora foi muito natural, a outra entrava, saía, sabe aquele negócio de que a preocupação tem que ser coletiva, quando eu falo pra não se isolar, que o que se faz depende do outro, e vocês fizeram isso. Nesse sentido, foi um grande ensaio, só que agora a gente já sabe da nossa loucura.

L — Ninguém se preocupou com a platéia, quando entrou no palco eu estava consciente de que tinham três pessoas na platéia, mas no auge a loucura foi tanta que eu nem sei.

J — Eu acho que foi muito bom mas agora a gente tem que ter mais consciência.

K — Fazer tudo aquilo com equilíbrio.

J — É. Quando a Karla chegou de lá, foi uma cena histórica, porque ela já veio louca.

M — Ontem eu tava vendo tevê, a Nair Belo tava falando do ator que morreu e ela falou sobre improvisação, e aquilo mexeu comigo. Que ali tinha improvisação, não era tudo texto, que às vezes ela dava um tapa nele e ele falava assim no ouvido dela: aquele tapa me machucou de verdade, aí ela não agüentava, começava a rir, improvisava fala na hora.

J — E foi o que vocês fizeram, pois a cena não parou: ou com texto, ou sem texto, a cena não parou.

K — Quem conhece teatro a fundo, eles perceberiam que é um extremo ou achariam que é assim?

J — Eles perceberiam o que é trabalho de ator e o que é surto. Agora essa que é a questão, como é que a gente faz tudo aquilo mas não estando surtado? Arte tem a ver com consciência do que se está representando. Ver a platéia, enxergar, estar fazendo seu personagem sempre vendo tudo sem perder o equilíbrio, ter consciência de tudo que está a sua volta... Consciência. Eu acho que agora é esse o nosso desafio.

L — A loucura foi tão grande que eu fui tomar café, não tinha, e eu cheguei a tomar café!

Sandra, até então amuada, começa a falar.

S — Tem gente que se aproveita da situação, depois eu que pago o pato, eu que meto a mão, então as mina faz a fita, e quem tá pagando sou eu. Eu não tô machucando ninguém, certo? Eu tenho meus esculachos sim, eu dou um tapa, mas eu não machuco ninguém. Elas fazem e eu assumo o erro delas? Elas que têm que assumir o erro delas. Só porque eu brinco, de vez em quando dou um tapa nelas, eu não tenho que assumir o erro delas?

J — Quem te feriu?

S — Não, aquele dia, na hora de enquadrar ela, uma pá de gente machucou ela, puxou o cabelo dela, mas cai sempre nas minhas costas, então eu sou a mais ignorante? Então eu não vou tocar mais, e ninguém me toca, entendeu professor? Nem sempre foi a Sandra que fez.

J — Isso é normal dentro do nosso processo.

S — Mas as pessoas, elas não estão agüentando as atitudes delas, elas tão fazendo e tão passando pra outra, porque se eu faço, eu falo. Que nem, eu machuquei ele, eu fiquei até mal, porque eu não gosto de machucar ninguém, mas foi uma coisa que aconteceu, mas eu assumi. Tem que admitir que bateu. Falam que eu sou agressiva, tudo, então foi a Sandra...

J — Eu não acho que você seja uma pessoa agressiva, o que a gente tem que ter é clareza nesse processo. A gente tá ensaiando briga, tá ensaiando tapa, tem hora que pega, que bate, que machuca. Mas a gente não pode deixar isso cair no pessoal, e nem que machucar vire uma rotina. Se eu ensaio uns tapas, tem hora que vai pegar mesmo, mas tem hora que fica técnico.

C — Foi sem maldade, eu peguei a garrafa...

S — Mas tem que pegar uma coisa que não machuque.

J — Quer pegar uma garrafa, tá, o personagem tá louco, tá, mas o ator tem que saber que aquilo machuca. Mas é isso mesmo Sandra, não adianta ficar escondendo o problema, senão você se esconde, deixa de se generosa com as outras. Temos que tomar cuidado com as cenas de briga!

Esta conversa se iníciou com Jorge destacando a diferença no grau de envolvimento e concentração apresentado por algumas integrantes que, nos ensaios diários, se conformavam em fazer "figuração".

Como em *Mulheres de Papel* a maioria dos atores ficava em cena o tempo todo, era muito difícil construir a relação entre a ação central da cena e os outros integrantes, que tendiam a perder contato com o foco.

Esse era um grande problema a ser resolvido durante os ensaios. Como cada um poderia construir ações e intenções particulares que não disputassem a atenção da platéia?

A ordem era propor, era dispor-se a errar, e foi isso o que aconteceu de maneira descontrolada naquele ensaio. Daí o apelo feito pelo Jorge para que conquistássemos um grau maior de consciência. E essa consciência nasce a partir de uma escuta da opinião dos outros, acatando os comentários e encarando-os como uma referência útil ao processo de criação pessoal.

Trata-se de uma postura difícil de se conquistar, e a discussão que encerrou a roda é um exemplo disso. Sandra começa se explicando, mas só com esforço fomos compreendendo que ela havia sido machucada. Como essa era uma questão delicada para ela, pois era ela quem levava fama de machucar as outras, a discussão poderia resultar inútil para o grupo.

Em momentos como esse, a habilidade para mediar o debate era essencial para extrair do conflito um tema útil para todos os integrantes, para que a roda fizesse sentido e esse tipo de questão não passasse a ser resolvido de forma escusa, dentro de códigos próprios da cadeia. E para que esse sentido fosse atribuído à roda, era necessário que ela fosse encarada como um espaço justo e essencial para o convívio entre os participantes do processo.

Cena 2 (29/7)

Sandra e Grethel discutem. Grethel está chorando muito, não entendemos o que ela fala por conta de seu sotaque castelhano, sobretudo porque ela está bem alterada.

J — A Sandra te destratou?

G — Não.

S — Eu falei pra ela que, se a gente vai começar a ensaiar às duas, é pra faxina já estar pronta nessa hora, e não esperar todo mundo chegar pra começar a faxina. Eu tô esperando a menina chegar, eu vi que aqui está tudo sujo, mas eu não vou pegar a chave pois a faxina não é responsa minha hoje. Eu falei com ela, mas ela não entendia. Ninguém tá indo fazer a faxina na hora, o senhor já falou que tem que encher os sacos com papel, e ninguém tá fazendo nada!

J — Então você não destratou, você fez uma cobrança?

G — Eu não estou aqui pra agüentar nenhuma gracinha, eu sei o que eu tenho que fazer!

J — Tudo bem que ela fez às duas horas, mas outras meninas também já fizeram. Eu acho que aqui a gente não vai discutir quem está certo ou quem está errado. O que aconteceu foi que a Sandra fez uma abordagem que magoou a outra. Com a preocupação de garantir o trabalho do grupo, acabou magoando a Grethel. A Sandra quis adiantar coisas, a outra se sentiu constrangida. O que vale para o crescimento é que a Sandra tem que melhorar o jeito de chegar nas outras pessoas e a Grethel não tem que se desesperar diante de qualquer cobrança.

S — Ela é muito sentimental!

J — O trabalho do grupo tem que começar a entender as diferenças! O incidente não merece maiores comentários do que isso, mas a gente tem que começar a entender mais o outro e perceber que nem todo mundo pensa do mesmo jeito. A nossa convivência tem que trazer o respeito novamente.

Esse é um exemplo do tipo de questão que assolava nosso cotidiano e que tomava parte de nossas discussões. Dedicar-se a elas demonstrava interesse profundo pela reconstrução de um tipo de relação humana que era muito raro no ambiente prisional.

Em qualquer outro posto de trabalho, uma discussão entre presas era razão suficiente para demissão. A disciplina era conquistada por meio da punição, e esses desentendimentos acabavam resolvidos entre elas nos pavilhões, fazendo valer suas regras, baseadas também em esquemas de coerção.

Mas ali nós estávamos dispostos a utilizar essas discussões como mote para questionamentos maiores, avaliando o difícil exercício da convivência. Esses debates iam, com algum custo, criando novas bases para nosso trabalho, e esperávamos que essas mudanças originassem outras transformações que elas pudessem carregar para além do teatro.

Naquele mesmo dia, fomos encarregados de fazer uma pequena avaliação após a improvisação. Deveríamos apontar aspectos positivos e pontos de fragilidade em nosso trabalho.

Cena 3 (29/7)
L — Eu achei que a Gilozinha e o Coco estão muito próximos.
S — Por que você fica rindo a hora que eu estou me jogando?
X — Eu não sei, eu tenho vontade de rir, aí eu finjo que eu acho que a Gá está achando engraçado.
S — Mas não parece, a gente vê que é você.
V — E na hora da cena com o Coco. Parece que essa Gá não quer a bonequinha, parece que ela está fora do ar.
J — Ela quer a bonequinha, ela não quer o Coco!
V — Eu sei disso, mas falta essa vontade de ir pra boneca. Quan-

do você vai pra boneca é que você se aproxima do Coco. Ela fica muito tempo na viagem interna, percebendo o que acontece em volta, mas uma hora ela age. É a mesma dificuldade de quando você faz a Noca: quando o foco não estava com você, era superinterno o seu trabalho, mas na hora que você tinha que segurar a cena, não conseguia, lembra?

A — Eu acho que ainda falta o lance de se ouvir, pois todo mundo já sabe as falas, já sabe a hora de ir, mas ainda tem muito buraco, porque não está se ouvindo. A gente sabe que é a vez da pessoa falar, olha pra ela e ela tá lá, viajando. Tem que falar pro outro ouvir. Se a gente se ouve, a gente não atropela as falas. A gente espera o outro terminar.

M — Eu estava tão preocupada que eu falei a minha fala e a outra da seqüência, eu engoli a fala da Maria-Vai.

Y — Mas uma coisa que é legal é que agora a Grethel, a Marta, a Maria Helena, a Da Luz estão vindo aqui pra frente, querem ser ouvidas. Não ficam mais se escondendo lá no fundo.

S — No começo da cena a Grethel começou a rir!!!

V — Isso é falta de concentração.

L — Buraco, branco. . . Olha, a gente escreveu os positivos: É visível a bronca que o grupo tem da Maria-Vai. A Bichada e a Poquinha estão mais tranqüilas em relação ao personagem. Não ficaram mais com frescura de parecer bêbadas e sujas. As intenções estão mais claras. A Maria Helena, Grethel e Marta pararam de só ficar na figuração. A curingagem deixou elas mais soltas e no caso da Maria Helena ela parou de ficar tão estereotipada, cheia de frescura. A Marta não fica mais mostrando que não lembra o texto no palco. A relação entre Gilozinha e Coco está mais bem definida.

V — Eu tinha pensado em trabalhar um pouco mais com o Coco na dele, sem fazer muita coisa. Eu peguei um pão e ia explorar como era a relação do Coco com o pão e tal. De repente veio a Cícera e tomou o pão de mim. Eu fiquei com a sensação da miséria muito forte pois eu não tinha o que fazer. Eu sabia que se fosse pra cima eu ia apanhar.

M — Eu observei a cena. Eu vi a hora que ele pegou o pão do chão, depois que ele demorou muito tempo olhando pra lá e pra cá pra ver se alguém ia ver ele pegando o pão do chão. Eu vi a Gilozinha dando o bote e a cara de desespero que ele fez.

J — Você viu que está descrevendo a ação toda? Como você conseguiu isso?

M — Por que eu vi?

J — Então, mas viu porque os dois criaram juntos ações e situações. Eles se relacionavam o tempo todo, e revelavam pra gente toda essa miséria que está sugerida o tempo todo no texto, mas que não está descrito o que é pra ser feito. E essas ações não atrapalhavam o foco. Isso é muito importante: a gente vê que tudo está vivo mas ninguém está querendo ser mais que o foco principal. Está se acrescentando no todo, e isso que é importante. E o que ficou a desejar?

L — A falta de se ouvir; buracos; falta de ritmo; falta de concentração; Bichada e a Poquinha precisam se desvencilhar uma da outra.

J — Mas vocês viram hoje como não tem erro no teatro? Você veio e interferiu na cena e ainda não era sua hora, o Berrão olhou pra você e resolveu! Ele mandou você calar a boca. Imagina se o Sérgio vira e diz "Não é isso agora!"?

L — Eu tava viajando, eu não sabia qual era última fala da Cícera, aí quando eu vi um intervalo maior entre as palavras eu me enfiei no meio, sem perceber que a pausa tinha a ver com o que estava rolando em cena.

MH — Na música é assim, quando a gente está tocando, por exemplo, eu toco um violão e ela toca uma sanfona. Se ela dá uma falhada lá, eu cubro, senão o público vai ver!

J — Então, você viu? É por isso que na roda a gente não sai falando quem errou e quem não errou, mas mostrando que tem outras coisas que você pode melhorar, que não é só no decorar o texto e que você vai descobrindo o fazer.

M — Teve uma hora que eu fiz o contrário. Eu falei uma fala que não era minha e ela repetiu, não conseguiu passar por cima. Eu estava ansiosa e ela também não ouviu.

J — É por isso que o ator tem que estar ligado o tempo todo, porque quanto mais ele sabe da peça, mais oportunidade ele tem de consertar sem fugir da peça.

Essa roda foi muito importante, pois estava baseada em uma proposta de discussão clara, enriquecida por uma troca de impressões e opiniões maduras por parte do grupo. A qualidade da discussão comprova o nível de consciência do grupo com relação ao que interessa ser melhorado e uma capacidade de observar e avaliar as conquistas cênicas obtidas pelos ensaios.

O grupo constatava o surgimento de uma cumplicidade cênica, criada por haverem encontrado uma motivação coletiva no interior do texto. Percebiam a importância de se integrarem à cena, em vez de se preservarem dela.

Um fator de apreensão muito grande existia em relação ao texto: as atrizes que participavam do processo desde o ano anterior sabiam-no inteiro, e cobravam das outras integrantes a memorização das falas. Jorge ressaltava que importante era entender o contexto em que as falas estavam inseridas, e dispor-se a improvisá-las de acordo com a situação. Porém havia uma cobrança pela segurança que as "deixas" traziam. Alegava-se que a fala decorada facilitava a criação de outros aspectos, como a ocupação do espaço, e isso era melhor para a cena.

Cena 4 (19/8)

J — O que vocês pensam em cena?

C — Eu fiquei com raiva pois o Berrão não me levou pra fábrica.

S — Pra mim foi difícil. Eu sempre fiz a cena de cima e o senhor me colocou aqui pra baixo.

J — Vocês ainda não chegaram onde eu quero. Na hora que eu estou aqui, eu fico pensando no espaço, no cenário, eu vejo se vocês estão verdadeiras, em um monte de coisas além da cena. E vocês?

C — Eu penso que quando acabar aqui eu tenho que ir pra cela, que raiva!!

R — Eu fico preocupada com os erros, pra ver quem vai salvar a cena.

L — Eu fico preocupada em não rir e com o espaço.

S — Eu fico pensando nos elásticos que eu preciso pra terminar a tiara.

G — Eu trato de me preocupar com o que está acontecendo aqui!

J — Sem nenhuma escapadinha?

G — Eu fico pensando em quem tem que falar e não falar!!

M — Eu fiquei pensando nas coisas pra colocar na bolsa que você trouxe.

Z — Eu penso nos meus namorados. Como que eu vou fazer a Noca? Eu tenho que ser séria, ou vagabunda, que tipo de roupa, mas às vezes eu penso na cela, nas coisas que eu tenho pra fazer lá, na comida.

X — Eu fico sempre preocupada em criar alguma coisa nova. Eu acredito que eu consigo. Eu pego e faço pra ver onde dá. Hoje o Berrão tava falando e eu comecei a imitar e zombar dele sem ele ver, eu não sei se vocês perceberam.

DL — Eu penso nas falas, eu ainda não estou à vontade nesse negócio de improvisação, eu acho que eu vou fazer tudo errado, aí quando eu vejo já está em outra parte da cena. . .

L — Eu acho que em época de compra, de paga, eu penso nessas coisas, eu acho difícil pensar em outras coisas.

Q — Eu penso no lado técnico, da voz, do jeito de andar.

A — Pra mim é difícil esse lance do Tião ver tudo que acontece com ele e não fazer nada.

V — Eu fico preocupado em criar as ações porque o Coco tem pouca fala e ele não entende as coisas que estão acontecendo, ele vive em um mundo à parte. Ele só começa a ter uma referência quando a menina chega. E eu às vezes tenho a tendência de sair um pouco fora do meu universo pra cuidar dos outros, quando eu percebo que tem algum coisa errada acontecendo.

J — Olhando daqui tem horas que a gente vê a pessoa completamente fora.

G — Eu não!! *(Todo mundo ri.)*

J — De uma forma ou de outra isso acontece. Às vezes o cara tá tão concentrado no seu personagem que não cola no todo, e isso é um tipo de ausência, pois não está favorecendo o foco. E o outro problema é a ausência total. Às vezes é um segundo, mas a gente vê o ator perdendo o personagem. Eu fui dar uma fala, alguém me atropela, eu quebro!

DL — Eu acho que quando eu comecei estava melhor. O pessoal tava mais preocupado.

J — Oscila, tem horas que a gente dá tudo, tem horas que as pessoas dispersam.

L — Eu acho que no primeiro formato a minha Nhanha está atrapalhando tudo com todo aquele problema de fala, porque eu não sei o texto.

J — Mas isso não atrapalha, isso ajuda o processo, porque aí fica todo mundo fica ligado, pois vai ser inesperado o que você vai fazer.

V — As pessoas não vão ficar esperando as falas prontas, porque você vai improvisar em cima da lógica desse personagem. As falas não são o personagem! Tem que encontrar a lógica e aí falar dentro disso.

DL — Mas essa Nhanha esqueceu de mim, ela está muito fria. Ela não tem muita cumplicidade comigo, ela está mais preocupada com a menina.

L — Eu não sei o texto direito, então eu estou indo no que eu já entendi da personagem, que tem a ver com a menina.

DL — Mas pra eu improvisar você tem que me dar a deixa certa! Você está falando coisa que não tem a ver com a peça. Na minha opinião pra improvisar tem que dar a deixa certa!

K — Eu tenho extrema dificuldade de decorar. Eu falo uma coisa que tem a ver com o sentido da cena, mas não com as mesmas palavras que estão no texto. Tanto é que na Bichada eu jogo.

Z — Se eu sei qual é a situação, eu improviso. Então a fala vem naturalmente. Se o que ela falar tem a ver com aquele momento da Frida, então não importa quais palavras ela vai usar.

J — Eu acho que você não é generosa com ela, eu já venho observando isso há tempos. Quando você ouve o que quer, você dá a sua fala. Mas como a outra não diz o que você quer ouvir, você fica lá sofrendo.

DL — E o que eu tenho que fazer?

V — Falar! Pra ajudar ela, pois quando você chegou a Cícera já sabia as falas da Nhanha, então ela te ajudou. Agora é o contrário, você que tem que ajudar ela.

J — Tem uma coisa importante que todo mundo tá falando que tem a ver com a lógica, que é a intenção.

DL — Às vezes eu até tento entrar na improvisação, mas eu não consigo, dá uma travada, uma agonia!

Essa "agonia" expressa pela atriz resulta da dificuldade, central na criação artística, de assumir os riscos do erro e expor algumas fragilidades a um grupo do qual emergiriam críticas. Nessa roda, expusemos nossas dificuldades de concentração, revelamos pensamentos desviantes em relação às cenas e fomos desafiados a não perdermos a conexão durante os ensaios. Se não nos interessássemos pela cena, por que o público o faria?

A primeira apresentação de *Mulheres de Papel* em 2004 aconteceu no dia 15 de setembro, para as próprias presas. Era uma platéia agitada, que fazia comentários durante a apresentação. Tamanha agitação surtiu efeito contrário nas integrantes do grupo. A conversa que se seguiu à primeira apresentação foi um dos mais duros exercícios de avaliação para o grupo.

Cena 5 (16/9)

J — Vamos concentrar. Temos que falar da platéia, da gente, de tudo que a gente tem que melhorar sem perder tempo. Quero ouvir vocês. Eu senti que algumas pessoas estão angustiadas em relação à platéia. Vamos botar pra fora pra saber que angústia é essa pra gente discutir.

G — Muitos riram de mim e isso me incomodou muito.

L — Eu fico contente independente da opinião deles. Quem é inteligente captou, se não fica boiando.

E — Eu também não gostei. Tinha muita piadinha, mas tinha muitas que vieram pra ver a peça! Não respeitaram nem nós, que estávamos representando elas, nem os demais ao redor.

A — Não foi fácil, mas vencemos.

C — Eu não gostei e faço das minhas palavras a palavra da Ester. Pois na hora que eu tirei a blusa, e a menina falou uma besteira, aquilo me incomodou. Eu não estava legal e não fiquei até agora.

K — Eu acho que a gente vai ainda ver muito isso pela frente, porque na rua tem isso, os educados e não educados. O que me incomodou na verdade foi a troca de roupa lá atrás, na coxia. A Rosana enrolou, fiquei muito nervosa. Se você vai sair com um brinco a mais, um a menos, a platéia não vai saber. Sai com o que tiver. É improvisação e não ficar empacando.

DL — Eu odiei essas minas boca aberta aqui sem proceder porque a gente está representando a calça bege e elas vêm aqui e faz isso, seu Jorge! Alguém tem que ficar na porta e pôr pra fora quem abrir a boca! Eu não gostei. Tirou com a nossa cara!

X — Eu acho que a gente fez nossa parte.

R — É isso. Graças a Deus ninguém tomou ovo na cara, então tá tudo bem.

Q — Eu repito o que eu disse no ano passado: odiei apresentar pra elas, mas eu entendo porque um dia eu fui como elas, sem cultura.

S — Pra mim não foi novidade nenhum. Eu já tinha visto isso. Mas passei minha mensagem e algumas entenderam. Quem não, fazer o quê?

X — Quem não entendeu a mensagem tá querendo vir hoje de novo, professor.

S — O ano passado foi pior! Fiquei triste pelo caso da Cícera, mas você representa muito bem. Você tem que levantar a cabeça e deixa pra lá.

L — Mas o erro não foi nosso! Tem gente que nem sabe o que vai fazer quando sair daqui! Você vai ver quando a gente apresentar pra gente de fora, vai ser outra coisa!

S — Eu vou falar uma coisa que eu não gostei. Na hora da xavecada da Alexandra, eu estou falando com você, Maria Helena, você tem que esperar a Alexandra terminar de falar, você cortou eu, a Mechinha, a Marta. . .

MH — Eu não fiz isso! Eu não errei! (*Elas discutem.*)

J — Não vamos despencar agora de cima da escada! Calma! A gente tem que continuar subindo. Uma coisa é indicar o problema, outra é resolver, então não dá pra soltar os cachorros na platéia e depois agir da mesma forma! É uma coisa de cada vez! Vamos por partes. Proceder é uma palavra da cadeia. Nóia e mina é da cadeia. Então a gente tem que entender que aqui a gente quer uma cultura diferente dessa. E a gente tem que entender que arte é pra ser exposta. Ela só é arte porque ela foi feita para agredir o olhar do outro e para ser agredida também. Então a gente parte do princípio que a gente fez pro outro. O ator tem seu próprio ego, mas ele não pode ficar vulnerável quando ele está exposto. Ele representa o personagem com seu corpo, então as pessoas confundem as coisas. E a platéia é sempre diferente. O trabalho da gente é pra ser apresentado pra qualquer pessoa. E pra deixar todo mundo desesperado, é preciso dizer que elas amaram vocês. Ficaram orgulhosas por vocês. Elas viram vocês bonitas e elas se viram em vocês. Quando elas gritam "Josenita!", elas querem fazer parte deste espaço. Elas não têm escrúpulos e agem de um jeito diferente daquele que a gente acha certo. E eu tenho orgulho de dizer que quando a gente começou o trabalho vocês eram iguaizinhas! Umas menos e outras mais, mas porque a gente passou oito meses na batalha! Olha onde vocês estavam e onde vocês estão!

S — Por isso que eu tenho orgulho do professor!

J — Eu avisei: faz uma cortina na frente porque vocês vão ver o espelho do que a gente é e vão sentir vergonha. Ninguém aqui tem o direito de exigir que qualquer pessoa que estivesse ali tivesse que ter moral, decência, educação. Porque tem gente que nunca foi no teatro, nunca pegou num livro, tem gente que não conseguiu separar realidade da ficção. E tem gente que quer vir de novo! Gente que ria e chorava ao mesmo tempo! E outra coisa: a gente tem que ser forte! Pra ficar de seio de fora não pode ficar tão frágil, foi uma decisão sua e você sabia que estava sujeita a qualquer coisa que a platéia pense! E as falas são engraçadas mesmo! A gente gosta de rir da miséria e todo mundo vai rir do sotaque da Grethel! Você tem que ficar contente com isso! É bom pro espetáculo.

S — Eu tinha vontade de rir o tempo todo.

L — Na hora que o revólver quebrou, elas riam, mas a Cícera e o Sérgio não pararam, e o riso foi diminuindo.

J — A segunda parte tem mais fluência, já está todo mundo no pique. O primeiro ato está lento, a voz está baixa, e isso está um pouco nas suas costas do Berrão. Se ele chega muito calmo, tudo fica lento, se chega acelerando, todo mundo acelera. As interrupções de fala, a gente tem que ser mais generoso, pois as pessoas só tiveram duas semanas pra ensaiar com o papel.

S — Mas se ela não tivesse cortado, não tinha acontecido! Maria Helena, eu não estou te criticando. Eu só quero que você pare de ficar com o barato gravado na mente, escuta os outros falar, e aí tudo vai ficar melhor!

J — Sandra, uma coisa que está vindo à tona é: tenta ser mais flexível!

S — O que é isso?

J — Mais maleável, mais compreensiva. O que falta pra você, MH, é entender a sua fala no contexto. Se ela não falar a sua fala não quer dizer que ela não deu a sua deixa. Se você entende a história, uma ou outra pode atravessar que não tem problema.

S — Mas vocês deixaram ontem a desejar nessa fala, vocês não entraram no clima da comemoração.

J — Aí é que tá. Isso não vai parar.

S — Não está certo.

J — Calma, a questão não é está certo ou errado. Ninguém tem o controle de tudo. Hoje lembraram que tem que avançar em determinados pontos. Por que você entrou atrasada ontem, Ester?

E — Por que o Tião tinha duas falas e ele só falou uma. . .

J — E o que tem que fazer? Se o outro não falou, não é que isso é erro! A gente não pode ficar preso, atrelado ao texto. Você já sabe a história, e o que a gente não deve é reforçar o erro. A gente tem que ser flexível um com o outro.

S — Deixa eu falar uma coisa. Eu não tô criticando ninguém, eu acho que todo mundo aqui tem capacidade de fazer melhor. Eu só estou expondo o que eu acho que a gente pode melhorar.

J — Mas tem que tomar cuidado com a forma que você expõe as críticas.

V — Parece eu você está acusando, e não colocando na roda pra gente resolver.

S — Ninguém é melhor do que ninguém aqui. A gente faz o que faz porque tá todo mundo junto, não é individual.

Essa roda revela muitos de nossos segredos, e um deles é que não temíamos a estréia, mesmo sabendo que o espetáculo poderia melhorar.

Nós estávamos em um ponto em que já havíamos discutido o sentido do texto, o tempo e o ritmo da peça, a concentração dos atores em cena. Sabíamos que os ensaios haviam atingido um certo limite. As respostas para a maioria das questões que eram levantadas precisavam ser respondidas por outras pessoas, e essas pessoas eram o público.

Assumimos esse limite, mas ainda discutíamos, no dia seguinte à estréia, o velho problema do apego às falas, em oposição a um tratamento do texto dentro da lógica das personagens na situação criada pelo autor. Discutíamos, após a experiência, e não só como um aviso da direção, o problema do volume das vozes, a falta de clareza em algumas cenas.

Pudemos sentir a reação verdadeira da platéia ao encarar, após o linchamento do Coco, a visão do cadáver nu, cena que não aconteceria sem a defesa da Sandra. Ela não aceitou a mudança da cena sob o argumento de que poderia haver confusão se as detentas vissem um nu masculino. Segundo a atriz, as presidiárias teriam de começar a entender que, na arte, aquilo era permitido.

O espetáculo foi apresentado para as presas que tinham interesse de assisti-lo. E foi aberto a um público de fora, formado por amigos e familiares das integrantes, por funcionários da Funap e da Secretaria de Administração Penitenciária e ainda artistas e estudantes interessados.

O grupo sentiu a repercussão positiva do trabalho nos comentários que ouviu de suas colegas de pavilhão. E todos percebemos a mudança no tratamento que nos era dispensado pelos agentes de segurança, que agora nos chamavam pelo nome dos personagens e nos tratavam com mais respeito e generosidade.

No entanto, a direção do presídio preferiu esforçar-se em sentido contrário às nossas necessidades. Negou-se a se responsabilizar pela saída do grupo, sob alegação de que as componentes eram presas de alta periculosidade, com penas muito altas, impedindo nossa participação no encontro do IBCCRIM.

Ainda assim, a Funap decidiu manter o projeto, realizando uma temporada do espetáculo até o final de novembro. Abria, assim, uma possibilidade de apresentações em outros presídios, como havia acontecido com as montagens do COC.

Mas na data da primeira apresentação do mês de outubro, a unidade fez uma inspeção e deteve uma das integrantes do grupo, pois havia encontrado em sua cela uma resistência elétrica, usada para esquentar alimentos e que existe em todas as celas, apesar de proibida pelo sistema.

Naquele dia, o espetáculo seria apresentado para alunos de psicologia de uma faculdade particular. Não houve tempo de avisá-los do cancelamento da apresentação, pois a gerência da Funap negociou até o último instante a liberação da atriz, ao menos para que a peça fosse realizada.

Diante da impossibilidade de negociação com a direção da PFT, a Funap decide cancelar o projeto. Tinha razões para isso: a demora do presídio em ceder um lugar apropriado ao nosso trabalho; a ausência de apoio para que o grupo realizasse o espetáculo no encontro do IBCCRIM; o desrespeito demonstrado pelos funcionários no trato com o público que entrava na prisão para assistir à peça. Por fim, a utilização da infame estratégia dos presídios, quando desejam encerrar uma atividade: a perseguição a seus componentes.

No embate entre as instituições, do qual não havia a mínima *chance* de participarmos, vencia o presídio, que se viu livre do grupo de teatro. Mas, no fim, podemos dizer que a Funap saiu vitoriosa, pois a Coordenadoria Geral dos Presídios, provavelmente ao saber das razões que levaram a Fundação a retirar o projeto da unidade, substituiu os membros componentes da diretoria.

Para o grupo, que recebeu a notícia com enorme tristeza, não interessava esse embate, pois saíamos derrotados de qualquer maneira.

Na euforia de cada apresentação, quando o samba do Gonzaguinha embalava o final de nosso espetáculo, enquanto as atrizes desfilavam com roupas por elas desenhadas e confeccionadas em material reciclável, a platéia era convidada a dançar conosco e celebrar um momento muito especial na vida daquelas mulheres.

Celebrávamos não de forma escapista, mas conscientes de que havíamos dividido com uma platéia generosa um pedaço de sentido construído entre as grades da cela e o anseio de mostrar que não havia razões para que aquelas pessoas seguissem recebendo os maus-tratos que lhes eram dispensados diariamente.

Ao perceber o quanto o teatro mostrava os abusos da cadeia, seus dirigentes nos fizeram recordar de que aquilo tudo acontecia atrás das grades, e dali fomos expulsos.

Não interessavam a eles as opiniões daquelas pessoas, nem o que haviam descoberto. Não estavam dispostos a ouvir da boca das detentas o que haviam aprendido, os significados daquela experiência.

Na opinião de Sandra:

É bom. Você nunca espera que as pessoas vão poder te aplaudir. Ver as pessoas chorando, aquele nervoso, você tá nervosa, sobe aquele calor todo, é muita emoção. Não dá pra explicar ver as pessoas aplaudindo, gostando do que você está fazendo. Eu não tinha palavras. As pessoas vinham me abraçar. Sabe quando você fica aberto, assim?

Você sente que tudo aquilo que fez valeu a pena, que as pessoas se emocionaram. Então isso contribui muito, principalmente pra gente, que sofre nesse lugar. Ver pessoas de outros lugares se emocionarem com o que a gente faz. Porque a sociedade pensa que a gente é um bicho, que a gente não tem educação, mas a gente tem sentimento também. Eu sei que o coração fica aberto. É emoção e você se entrega a tudo e a todos.

Para Cícera,

Eu não sou boa de leitura, se eu pegar um livro pra ler, eu vou demorar quase um mês! Quando o professor trouxe o texto pra bater as falas e foi difícil, eu me irritava, eu não conseguia ler, eu ficava angustiada. Mas aí eu decidi que ia conseguir. Eu chegava na cela, batia o texto. Eu chegava e fazia aquilo, e na minha cela, eu acendia a luz, pegava o texto e ia batendo. Vinha a tranca e eu ali. Eu cheguei a ficar ate três horas da manhã! O pessoal achava que eu tava ficando louca. Mas eu sabia que se eu não decorasse, eu não ia conseguir fazer, então eu decidi dar um pouco de mim pro trabalho. Eu evito a encrenca porque eu não quero que um dia o professor chegue, todo mundo aqui e eu subi de cana. Vai faltar alguém. E eu não pensava muito não. Que nem uma vez que eu discuti com a Sandra e eu joguei a carteirinha e saí. Aquilo doeu dentro de mim, sabe quando chega alguém e te dá uma pancada? Eu cheguei na cela chorando dizendo que eu abandonei o teatro. Acabei descontando minha raiva em alguém que não tinha nada a ver com isso. É tão difícil! É tanta coisa que a gente vive. Sabe, não tem como vendar os seus olhos em um lugar desses. Quem nunca passou por aqui não sabe o que é esse lugar. Você não sabe se alguém vai te jogar uma água quente, se vai levar uma facada nas costas. Eu fiquei mais reservada. Agora eu penso em mim, penso nos meus filhos, na minha vida.

E Josenita encerra:

O que eu mais gosto é da roda. Eu gosto porque lá a gente põe tudo em pratos limpos. O que não foi bom pra você, que não foi bom pra mim, a gente coloca onde que tá o erro, a gente tenta ver, enxergar. Tem a crítica, que é ótimo, pra melhorar, pra ver se o povo vai gostar de ver a mudança que a gente pode fazer. Eu gosto de estar em cena, porque eu saio daqui, eu não tô aqui. Eu estou presa, mas não sou presa, das duas às seis eu posso fazer outras coisas. Agora, vai eu fazer isso lá dentro? Eu vou ser linchada! Tem suas regras lá dentro. Aqui tem, mas não é tão imposta assim. Você é o que você é. Você pode mostrar seu lado bom. Você fala dos seus planos, da sua vida, com pessoas que você conheceu aqui há quatro meses. Eu não falaria tudo pra alguém que eu conheço há tão pouco tempo se eu não tivesse aqui. Hoje eu falo, eu troco, eu não tenho medo de ser criticada.

Uma amostra da reflexão que o presídio preferiu abolir, quando decidiu cancelar uma apresentação por conta de uma simples resistência elétrica.

Capítulo 4
MUROS

Depois do encerramento de nosso trabalho na PFT, a Funap estava disposta a apoiar uma proposta que Jorge vinha elaborando há algum tempo e que não envolvia mais a tarefa de lidar diretamente com uma instituição penal.

O projeto estaria vinculado ao Departamento de Promoção Humana e ao Programa de Apoio ao Egresso, e o objetivo seria oferecer a Oficina de Montagem Teatral a presos em regime semi-aberto e a ex-presidiários.

Assim, ele reuniu novamente a equipe de atores formadores para que, juntos, fundássemos um grupo na Cooperativa Paulista de Teatro, pois seria por intermédio dela que a verba disponibilizada pela Funap chegaria até os atores formadores e aos egressos.

Depois de extenso debate, o grupo recebe o nome de Núcleo Panóptico de Teatro, pois o termo *panóptico*, que designa um recurso tecnológico próprio da arquitetura prisional, uma torre da qual muitos são observados sem saber quem observa, interessava-nos. Gostaríamos de inverter a sensação: muitos nos observando, muitos nos analisando, muitos olhares interessados em nosso trabalho e ação.

A proposta era a criação de um espetáculo teatral a partir de um conto do filósofo existencialista Jean-Paul Sartre, *O Muro*, uma idéia que ele já tinha há muito tempo:

> Em 1997, quando eu fui para o COC, eu queria montar *O Muro*, a adaptação que eu havia escrito a partir do conto do Sartre. A di-

retora de reabilitação então me chamou para uma reunião e me disse que eu não podia montar coisas que viessem dos presos, porque eles não queriam em cena reivindicações, críticas ao presídio, e eles achavam que era isso que sairia se eles pudessem fazer o texto. Então tinha que ser uma coisa que o presídio aprovasse. Mesmo assim eu falei sobre *O Muro*, e ela me pediu o texto. Falei pra ela: acontece em uma cela, numa prisão, eles são presos políticos. No momento em que eu disse isso, ela falou: pode procurar outra coisa!

A solicitação de que não se dê voz aos presos explicita as contradições enfrentadas por um processo artístico que se insere no universo prisional. Sobretudo quando os limites do trabalho está pautado em critérios como esse, de que fornecer aos presos a possibilidade de expressão significa necessariamente deixá-los reclamar publicamente da maneira como são tratados.

Com essa visão, a referida diretora impediu a encenação do texto e instaurou uma espécie de censura em relação ao teatro, cujo material deveria ter aprovação da unidade penal para ser apresentado. Tratava-se de uma situação extremamente delicada para Spínola, que poderia não insistir em seu projeto teatral, alegando nunca se submeter a tais princípios.

Mas ele deve ter percebido que era cedo demais para tratar de temas tão contundentes ao sistema prisional. E prosseguiu, como vimos no capítulo anterior, criando espetáculos que diziam muito sobre as condições dos presos, sem que isso fosse avaliado, pelo corpo funcional dos presídios, como sendo "coisa de preso".

Muros esperaria seis anos para começar a ser ensaiado. Este é o tema do presente capítulo. As diferenças entre os integrantes, as dificuldades em encontrar um local definitivo para ensaio, a construção de um contrato de grupo e a concepção artística do espetáculo, tudo constitui material para analisar esse processo.

Os Desterrados: primeiros desafios e acordos

Um de nosso primeiros desafios foi encontrar um espaço para a realização dos ensaios. Era uma batalha contra o preconceito direcionado às pessoas com quem trabalharíamos. Ninguém se mostrava disposto a receber diariamente um número de vinte pessoas cujas vidas estavam marcadas pela passagem pela prisão.

Com intervenção da Funap, foi-nos cedida uma sala da Oficina Cultural Oswald de Andrade, no Bom Retiro, da Secretaria Estadual da Cultura.

Era uma sala grande, porém seu espaço útil era consumido pelas janelas, que se abriam para dentro, e por alguns móveis escolares, que foram sendo retirados ao longo do tempo em que ensaiamos por lá.

Em março, os encontros começaram. Nas duas primeiras semanas, enquanto a Fundação firmava o contrato com os presídios, contávamos apenas com a presença dos egressos, homens e mulheres que haviam deixado a prisão por haverem cumprido a totalidade da pena ou que ainda estavam sob tutela da justiça, em liberdade condicional. Depois chegaram os presos em regime semi-aberto: seis homens da Penitenciária de São Miguel Paulista e quatro mulheres da Penitenciária do Butantã.

Éramos inicialmente cinco atores formadores: Lígia Borges, Sérgio Oliveira, Sissi Schucman, Maria Aparecida e eu. Nossas principais funções eram: participar das improvisações e dos ensaios; compartilhar técnicas e saberes referentes ao trabalho de interpretação e expressão vocal; assumir a responsabilidade pela criação e pelo processo, colaborando com os debates e, quando necessário, assumir a coordenação dos encontros.

Nós, atores formadores, exercitávamos a cada encontro a dupla função de atuar e, ao mesmo tempo, estar atento às possibilidades de intervenção no trabalho de todos os outros integrantes. Tínhamos de descobrir maneiras de provocar descobertas e despertar o interesse de todos os outros integrantes pelo teatro e tudo o que lhe dizia respeito.

Naquele início, o primeiro elemento causador de tensão estaria ligado à aparentemente mais simples questão do processo: o horário de chegada. Estabelecido às duas horas da tarde, percebemos que, diariamente, meia hora de trabalho era desperdiçada, à espera da chegada de todos.

Um fator que agravava esse problema estava vinculado às normas relativas ao trato com os presos em regime semi-aberto. Diariamente eles vivem a possibilidade de sair do confinamento para trabalhar mas, no fim da jornada, devem retornar ao presídio.

Não há permissão para visitar a família, para ir ao médico ou para qualquer outra atividade que não o emprego. A unidade confia então aos empregadores a responsabilidade de zelarem por esse controle. Se um preso faltar ao trabalho ou chegar atrasado ao presídio, perde o emprego e o direito de sair da unidade. Ele volta ao final da lista de empregáveis da unidade e deve aguardar o surgimento de uma nova vaga.

Assim, a lista de presença era um instrumento de controle que precisava ser preenchida todo dia no início do trabalho. Deveríamos notificar a unidade penal em caso de atraso e ausência, mas sabíamos que, se isso fosse feito, estaríamos retirando do projeto alguém que já fazia parte do trabalho.

Vivíamos dia a dia o embate sobre a impossibilidade de aceitarmos os atrasos do semi-aberto, e não demorou para percebermos que era injusto aceitar os atrasos e ausências não justificadas dos outros integrantes.

Assim, todos os integrantes se sentiam cobrados como artistas profissionais, mas na verdade eles estavam ali para participar de um processo de aprendizagem que, obviamente, não era sua motivação primordial: os presos do regime semi-aberto queriam sair da penitenciária e os egressos encaravam o desafio de fazer teatro pelo salário.

Nesse contexto, deveríamos obter uma coesão própria daquele coletivo, acreditando na importância do diálogo. Por isso nos esforçávamos para ouvir a voz de todo mundo, sempre que nos reuníamos para discutir qualquer questão.

Permanecemos até meados de junho naquele espaço. Eram encontros diários, muitas vezes desgastantes e tensos, diante da profusão de problemas. Houve dia em que alguns do semi-aberto não chegaram, pois foram abordados por policiais na rua; houve ensaios realizados sob forte tensão, quando percebíamos que algum dos participantes estava alcoolizado; houve ensaios inteiramente dedicados ao debate sobre as regras estruturais do espaço de ensaio; houve encontro cancelado pois todos os presos do regime semi-aberto haviam sido transferidos para o interior.

Desterrados com texto

No ponto em que estruturamos nossa rotina de ensaios, elaboramos as bases do tipo de processo que desejávamos realizar. Os encontros eram iniciados com um aquecimento corporal, base de muitas descobertas de possibilidades físicas e expressivas, a partir de propostas elaboradas pelos atores formadores.

Simultaneamente a esse processo, pouco a pouco éramos apresentados ao universo do texto, que ia chegando ao nosso conhecimento a partir de improvisações propostas pelo Jorge.

Os temas dessas improvisações procuravam destacar as forças de poder inseridas nessas situações: um grupo deve esconder alguém que está sendo procurado pelo exército. Até quando esse grupo resiste sem ceder? Quem são os integrantes desse grupo? Quem é essa pessoa tão procurada e por que razão o grupo se arrisca tanto por ela?

As cenas da peça chegavam uma a uma e eram improvisadas de maneira muito semelhante ao ocorrido em *Mulheres de Papel*: líamos determinadas cenas do texto em voz alta, sentados em roda, cada um responsável por um personagem diferente, distribuído de acordo com o interesse do ator por determinada figura ou por indicação da direção.

Era comum certa dificuldade de concentração em virtude dos problemas de leitura apresentados por muitos dos integrantes: alguns não conseguiam dizer o texto em voz alta e muitos liam em ritmo lento, demonstrando dificuldade de entender as palavras e de construir sentidos com as frases e trechos lidos.

Por isso, sempre debatíamos sobre o que acabávamos de ler. Era necessário encontrar as intenções dos personagens, procurando situações similares às propostas pela ficção nas experiências vividas por cada um. Tínhamos também de decifrar as ações propostas pela cena, compreender sua fábula, inserir os acontecimentos em um contexto. Então, definíamos quem jogaria em que papel, quem seria responsável por determinadas ações, e partíamos para a improvisação.

Algumas vezes, havia uma divisão entre atores que improvisavam e outros que assistiam, com a responsabilidade de comentar posteriormente o que haviam visto. Outras vezes, dois grupos ficavam responsáveis por versões diferentes da mesma cena. Com o decorrer do processo e a ampliação do número de contextos abordados pelas cenas, pequenos núcleos foram sendo criados, e cada um deles foi se especializando gradativamente nos desafios próprios de cada cena.

O debate sobre o texto não surgia apenas das improvisações. Foram espalhados, pelas paredes de nossa sala de ensaio, treze grandes cartazes e, em cada um deles, uma das seguintes palavras: miséria, poder, julgamento, sentença, ilusões, cela, desespero, horror, humilhação, diversão, resistência, vingança, pátio.

Esses eram os títulos de cada cena que compunha a dramaturgia da peça. O objetivo dos cartazes era que fôssemos trazendo imagens que estabelecessem relações com aquelas palavras e, portanto, com o texto.

Elaboramos um pequeno mosaico em cada um daqueles cartazes, e debatíamos a relevância e o sentido de cada uma das imagens para cada quadro. Algumas vezes, imagens selecionadas para determinado cartaz acabavam sendo colocadas em outro, após debate entre os integrantes do trabalho. Ao mesmo tempo, estabelecíamos relações entre fatos importantes de nosso presente e o universo abordado por *Muros*.

O momento geopolítico mundial e, particularmente, o brasileiro, forneciam material vasto para nossa pesquisa: as invasões promovidas pelo Movimento dos Trabalhadores Sem Terra (MST), a guerra do Iraque e as denúncias de tortura promovidas pelas tropas americanas contra os prisioneiros de guerra, atentados terroristas, fotos de campanhas eleitorais para a prefeitura. Muitas imagens feitas a partir desses eventos construíam um panorama vasto do nosso momento presente, que usávamos como ponte entre a vida e a ficção.

O conto de Sartre, narrado em primeira pessoa pelo rebelde Pablo Ibbieta, é a análise e descrição da série de torturas físicas e psicológicas vividas por ele, enquanto esteve preso como guerrilheiro durante a Guerra Civil Espanhola. Na prisão, ele resiste em declarar o paradeiro do líder do grupo, o rebelde Ramón Gris.

Diante da pena de morte, ele mente aos torturadores, dizendo que Ramón está no cemitério. Para sua surpresa, ele realmente estava lá. O líder é capturado e morto, e Pablo ganha a liberdade, por haver contribuído com a repressão à guerrilha.

Para salvar alguns momentos de sua vida, Pablo comprometeu todo o movimento revolucionário. Uma mentira que, por um acaso trágico, resulta em verdade. Ele terá de conviver o resto de sua vida com a culpa de ter sido o responsável pela morte do líder.

Trata-se de um texto extremamente reflexivo, por meio do qual Sartre aborda um tema caro ao existencialismo, a situação-limite. Até que ponto um homem pode permanecer fiel a suas crenças, respeitando suas opções e as idéias que defende?

No caso do conto, Pablo resiste às torturas, mas diante da pena de morte, inventa um paradeiro para o líder perseguido. Isso apenas atrasaria sua execução. No entanto, uma fatalidade, uma coincidência faz que sua mentira resulte em desgraça.

O contato com o texto original aconteceu no início de agosto, quando já ensaiávamos no salão nobre da Escola de Administração Penitenciária, a EAP, um edifício projetado por Ramos de Azevedo e que hoje, após a realização de uma ampla reforma, é a sede da Secretaria de Administração Penitenciária do Estado de São Paulo.

Na época, o prédio ainda era utilizado como sede da EAP, e aí eram definidas as políticas de formação dos agentes penitenciários e diretores de cadeia, que freqüentavam aulas e cursos criados nesse ambiente.

Acompanhávamos, do salão, o trabalho daqueles funcionários, realizando tarefas burocráticas e pouco estimulantes, conferindo listas de chamada e folhas de inscrição, emitindo certificados e planejando calendários. Enquanto isso, tratávamos de ocupar aquele espaço, buscando descobrir possibilidades de utilização cênica.

A mudança de local causou profunda alteração em nossa rotina de trabalho. O espaço era pequeno para a maioria das atividades que estávamos habituados a realizar coletivamente, e sentíamos o receio inicial de circular, descalços e com roupas de ensaio, por aquele ambiente austero.

A EAP é o centro irradiador das possibilidades de transformação em política carcerária, pois ela é formadora dos agentes que terão contato diário e direto com os presos. No entanto, seus funcionários pouco conhecem a realidade das prisões.

Ao receber o Núcleo Panóptico de Teatro para realizar uma temporada em seu salão nobre, a EAP promovia encontros significativos e até então improváveis: presos cumprimentando burocratas do sistema, expresidiários esbarrando-se nos corredores com agentes em formação, atores e atrizes ensaiando ao lado dos advogados que elaboram apostilas, tudo isso provocando uma alteração muito forte na rotina daquela instituição.

Notávamos o incômodo causado por nossa ação naquele ambiente. Tentamos amenizar o impacto de nossa presença, abaixando o volume de nossas vozes, diminuindo nossa área de atuação. Mas a situação ficou insustentável. Aos poucos, não éramos mais recebidos com cordialidade, com sorrisos educados. Não nos era mais servido café no meio da tarde, e pressentíamos que a qualquer minuto alguma atitude seria tomada em relação a nossos ensaios.

Não demorou para que fôssemos alvo de muitas reclamações, e certamente só permanecemos naquele lugar graças ao apoio do diretor da EAP, o professor Francisco de Assis Santana.

É necessário esclarecer que a relação dos funcionários da EAP com o nosso trabalho não poderia ser diferente, dadas as condições em que ele foi desenvolvido. De uma hora para outra, sem que fossem consultados, eles passaram a dividir seu espaço com um grupo de vinte e seis pessoas que realizavam um trabalho ruidoso, agitado, oposto ao tipo de atividade individual e rotineira que produziam. Eles também não sabiam, no início, que os integrantes do trabalho eram egressos do sistema e pessoas ainda presas, e tomar ciência desse fato certamente ajudou a ampliar a tensão que se avolumava.

O resultado foi a alteração de nossos horários para que pudéssemos continuar ensaiando no espaço em que realizaríamos as apresentações.

Passaríamos a ensaiar aos sábados à tarde, e às terças e quartas os encontros aconteceriam a partir das quatro e meia e seriam encerrados às oito e meia da noite. Nos outros dias, ensaiávamos em um outro casarão do enorme terreno que compõe o complexo da Penitenciária do Estado, um sobrado residencial cuja distribuição dos aposentos restringia bastante a criação da encenação, mas que possibilitou o aprofundamento do modelo de trabalho que se desenvolveu durante o processo: os ensaios por núcleos.

A dramaturgia construída por Jorge não se limitava a descrever as situações vividas pelos presos políticos na cela e nos ambientes da prisão em que estavam confinados. Escrita para um grupo de muitos integrantes, a obra abarcava também cenas em que as familiares dos revoltosos se manifestavam, clamando pelo retorno dos parentes presos. Além disso, ela se apropriava de duas cenas escritas por Jean Genet em seu texto mais famoso, *O Balcão*, inseridas ao longo da peça para complementar a crítica ao sistema penal que a encenação pretendia realizar.

Assim, após encontros dedicados à improvisação a partir do texto e a situações de jogo dramático que buscassem contextualizar os universos abarcados por ele, acabávamos definindo a que papéis os atores deveriam dedicar especial atenção, procurando decorar suas falas, investigar seu contexto, buscar suas intenções. Esses personagens estavam inseridos em cinco situações que resultaram na divisão dos núcleos de trabalho: o núcleo da cela, o das mulheres, dos soldados, o núcleo do bordel e o núcleo da Chantal.

Como estávamos ensaiando em espaços reduzidos, a divisão do trabalho em núcleos possibilitava o engajamento de todos os integrantes com a prática cênica a maior parte do tempo, participando das discussões e improvisações concernentes à cena a que se dedicavam.

No encerramento dos encontros, cada núcleo mostrava os resultados de seu trabalho e, conforme a disponibilidade de tempo, realizávamos um "passadão", tentando encadear uma cena na outra e, com isso, completar a encenação.

Sobre rodas e pessoas

Foi ficando cada vez mais evidente a responsabilidade dos atores formadores nesse processo, pois podíamos, dentro dos núcleos que coordenávamos, conduzir o processo que julgássemos mais interessante e, assim, contribuir para o enriquecimento do espetáculo e aprofundar o envolvimento de cada um dos participantes com a criação.

Os atores formadores acabaram, dessa forma, constituindo uma base segura, em um processo que sofria com a excessiva variação na composição dos integrantes, ao longo do tempo em que os ensaios aconteceram e mesmo depois da estréia de *Muros*. Afinal, além de atuarmos, éramos co-diretores, e isso nos proporcionava um grau diferenciado de conscientização a respeito da encenação.

Os compromissos assumidos pelo projeto criavam prazos que, naturalmente, não correspondiam às incertezas de nosso trabalho. Desde que começaram os ensaios, até às vésperas da estréia, integrantes do semiaberto ou egressos abandonavam o processo ou eram obrigados a deixá-lo por condições adversas.

Os integrantes do sistema semi-aberto deixavam o trabalho basicamente por descumprirem suas obrigações com a instituição penal, e nesse quesito o fato de retornarem ao presídio fora dos horários estabelecidos foi uma das maiores causas de desvinculamento dos integrantes do trabalho. No entanto, muitos ganharam a liberdade e continuaram no projeto.

A principal causa da saída dos participantes egressos era o valor do salário que recebiam. A maioria deles tinha outra fonte de renda, em postos de trabalho informal: eram ambulantes, mecânicos, empregadas domésticas ou motoristas de lotação. Assim, aparecendo uma oferta de emprego, abria-se mão do teatro, e o grupo se dividia entre a compreensão pela opção feita e a tensão de reconstruir o trabalho com um novo integrante.

Essa situação teve de ser encarada como componente do processo, cabendo a todos a responsabilidade de inserir um novo participante a qualquer momento.

Uma de nossas maiores dificuldades era a construção do vínculo com a natureza própria do projeto, compreendendo o tipo de trabalho que um processo teatral exige para acontecer e atingir seus objetivos, sendo o mais evidente a construção do espetáculo.

Os desafios que o teatro apresentava para aquelas pessoas eram muito diferentes dos problemas levantados pela maioria dos empregos que lhes eram oferecidos.

Acostumados a trabalhos de outra natureza, não compreendiam por que razões o diretor não dizia logo o que era para ser feito e, assim, resolver rapidamente a configuração das cenas. Não aceitavam que se passasse tanto tempo em roda, discutindo questões relacionadas a atrasos e ausências: em muitos momentos exigiam que se tomassem medidas drásticas, como expulsão de quem errasse, ou que se criasse um sistema de descontos salariais para quem descumprisse os acordos.

Era um desafio enorme para grande parte do grupo, entender que discutíamos sobre essas questões com intuito de aprofundarmos nossos princípios de trabalho e de confiança. Assim como em *Mulheres de Papel*, reforçávamos a relevância das discussões realizadas em um espaço que garantisse a troca de opiniões entre todos os integrantes.

Precisávamos do cumprimento dos horários e dos acordos de grupo. Era essencial que ninguém se ausentasse dos ensaios e que os presos do regime semi-aberto retornassem no horário para a prisão. Queríamos também um compromisso sincero e engajamento real na criação de um espetáculo que solicitava a participação de todos para ser construído.

A roda transformava-se em arena de debates relevantes, pois era esse o espaço responsável pela manutenção das propostas cênicas. Se isso era claro para a direção e para os atores formadores, essa constatação exigia outro grau de elaboração para os outros componentes do grupo.

A diversidade dos integrantes era uma característica essencial ao projeto, e o objetivo da roda não era promover uma coesão de propostas de pensamento, o que seria simplista. O que se estimulava era a expressão de opiniões, confrontando propostas diferentes para, assim, realizarmos um processo mais instigante para o grupo todo.

Mas esse espaço demorou a se articular. Em princípio, debates fervorosos se davam, sobretudo, entre os atores formadores e o diretor, enquanto a maior parte do grupo parecia não se considerar apta a opinar.

Ao perceber isso, Jorge pediu a nós, atores formadores, que prestássemos mais atenção aos debates, cedendo mais espaço às opiniões dos presos e egressos, que até então se demonstravam satisfeitos em apenas assistir às discussões.

Essa medida surtiu efeito, e a roda foi pouco a pouco ganhando relevância para o processo. Em termos artísticos, foram se estabelecendo critérios de avaliação para as cenas improvisadas, indicados desafios e sugestões a determinados núcleos de trabalho e diretrizes para as escolhas dos atores responsáveis pelos personagens, após as improvisações e a curingagem.

Já com relação às decisões referentes ao trabalho, a roda foi o espaço do aprendizado, para todos, do trato com as diferentes condições e perspectivas de cada um dos grupos integrados ao processo.

Os atores formadores, na sua maioria, já haviam trabalhado com o diretor e, apesar do aporte financeiro, estavam mais interessados nas possibilidades estéticas do trabalho, com especial interesse na questão pedagógica, já que assumiram a responsabilidade de proporcionar a formação artística do grupo.

Os egressos vinham, em sua maioria, em busca do salário. Eram indicados pela Funap e, em razão do baixo valor pago, muitos deixavam o processo quando conseguiam emprego.

Os presos em regime semi-aberto possuíam vínculo empregatício com a Funap, mas diante do valor pago, podemos considerar que a principal motivação para sua integração ao processo era a possibilidade de sair do presídio. Para eles, o projeto deveria representar uma oportunidade de aprendizado em um processo teatral, mas essa não era a principal motivação que os atraía para o trabalho.

Enquanto isso, cabia ao Jorge a direção do trabalho e a responsabilidade do projeto perante as diversas instituições que o abarcava: Funap, SAP, três diferentes penitenciárias, EAP e, mais tarde, a Secretaria da Juventude, Esportes e Lazer.

Todos reunidos em roda, munidos de expectativas e motivações distintas e com diferentes trajetórias de vida e experiências com a prática da reciprocidade, tentavam estabelecer acordos mútuos para conseguirem trabalhar juntos.

Não podemos deixar de mencionar que os presos em regime semiaberto ainda estavam submetidos a uma série de restrições e regras próprias do sistema penitenciário, que não estão sujeitas a debate no universo de nossa prática teatral.

Assim como em *Mulheres de Papel*, foi no interior desses debates que um trabalho instigante tomou corpo, revelando diariamente muito das nossas dificuldades em ouvir propostas dos outros e, mais do que isso, em deixar de pensar em interesse próprio para refletir em significado coletivo.

Os primeiros efeitos da roda nascem do respeito a seu espaço e da confiança na escuta dos seus participantes. Isso dá sentido ao esforço individual de expor as próprias idéias, sem medo de vê-las desprezadas durante o debate que se segue.

Há, portanto, um despertar do sentimento de pertencer a um grupo com interesse compartilhado. A aprovação ou desaprovação de uma proposta é um acordo decidido em favor de uma conquista coletiva, estabelecida por meio de um debate que, se não ruma para o consenso, no mínimo atende à opinião da maioria, e o objetivo em comum é a qualidade do trabalho conjunto.

Construir esses parâmetros, inspirados em valores tão diferentes dos que regem a maior parte dos ambientes a que comumente estamos submetidos, requer esforço imenso e prática contínua de valorização das discussões úteis e de atribuição de autonomia aos componentes do grupo.

Trata-se de um processo baseado na certeza de que as discussões rumam para ampliar a qualidade do trabalho, já que todos estão interessados em fazer melhor. Isso porque a roda torna coletivos os resultados cênicos e o contrato grupal, a despeito da divisão das funções e da conseqüente hierarquização que isso pode suscitar.

Uma direção que compartilha suas sugestões e submete suas propostas e idéias à avaliação grupal é muito diferente de uma direção que traz cenas e marcações prontas para os atores executarem. Assim como é muito mais difícil construir regras através do debate em grupo do que obrigar todos a assinarem um estatuto que define prazos, limites e punições.

Optar por um ou outro é escolher entre uma linha de trabalho heterônoma ou uma proposta que se compromete com ideais promotores de construção de conhecimento crítico e autonomia. Esta foi nossa opção.

Desterrados com peça

Quando a estréia aconteceu, em 30 de setembro, no Salão Nobre da EAP, suspeitávamos das qualidades e dos defeitos da encenação. Sabíamos que era evidente a diferença entre os níveis de envolvimento dos integrantes do grupo. Sabíamos também que estávamos desafiando aquelas pessoas a um nível de exposição muito grande e assumíamos uma grande responsabilidade perante elas e perante todas as instituições que haviam apoiado aquele projeto.

Mas naquele momento, não nos era mais possível ampliar os prazos. O grupo havia obtido duas conquistas muito significativas e, cada uma delas, à sua maneira, apressava nossa estréia.

O Núcleo Panóptico de Teatro foi um dos grupos da cidade de São Paulo contemplados com a Lei de Fomento ao Teatro, assumindo um compromisso, com a Secretaria Municipal de Cultura, de realizar cento e onze apresentações gratuitas do espetáculo *Muros* e, portanto, permanecer com o projeto por mais um ano.

Além disso, a Funap conseguiu negociar, com a Secretaria Estadual da Juventude, Esporte e Lazer, a cessão de um pavilhão desativado do Carandiru, possibilitando a realização de uma temporada no Pavilhão II, enquanto se aguardava o início das obras que transformariam aquela área no Parque da Juventude.

Como a Funap não tinha disponibilidade total da verba, poderíamos utilizar as parcelas do Fomento para financiar aquela empreitada que, aos nossos olhos, concretizava a possibilidade de oferecer um grande número de apresentações a uma população variada, que poderia visitar o Carandiru antes de sua demolição e, ao mesmo, tempo conhecer o nosso trabalho.

A estréia de *Muros* na EAP expôs as dificuldades do grupo diante da freqüente mudança na composição dos integrantes e abriu muitos questionamentos referentes ao tipo de processo realizado para chegarmos ao espetáculo.

Em primeiro lugar, era evidente a diferença da qualidade do trabalho desenvolvido pelos atores formadores em relação ao dos demais integrantes, e isso não significa necessariamente que o trabalho dos profissionais era melhor.

O acordo desenvolvido para a definição de quem ficaria responsável por determinado personagem era pautado pelo princípio de que, por meio da curingagem, seria escolhido o melhor para desempenhar o papel. Mas o que aconteceu foi que os atores formadores acabaram conquistando os personagens mais significativos, diante das muitas mudanças na composição dos integrantes.

Justamente os integrantes que acompanharam o processo por mais tempo assumiram papéis de maior relevância naquelas apresentações na EAP, ao passo os que haviam chegado mais tarde contentavam-se em exercer papéis no coro de soldados e de mulheres.

Muros era um espetáculo muito violento, construído principalmente em linguagem naturalista, conquistada a partir de uma dramaturgia fragmentada em quadros cujos títulos evidenciavam o cerne da questão tratada pela cena. A configuração do espaço cênico distribuía o público em uma arena dupla, ou seja, metade do público ficava de frente para a outra metade e, entre eles, um corredor era utilizado como palco.

O espetáculo se iniciava com o quadro **A Miséria**. Uma mendiga começava a pedir esmola, o que confundia a platéia, que não sabia se aquela situação fazia parte do espetáculo ou não. Isso ficava claro quando o Hino Nacional invadia o ambiente e ela se agregava a um grupo de mulheres que entrava em cena.

Iniciava-se a segunda cena, **O Poder**, com essas mulheres exigindo uma resposta para o paradeiro dos maridos e filhos. São tratadas com violência pelos militares, que as interrogam sobre o paradeiro de Rodrigo Soares. "Onde está Rodrigo Soares?" é a pergunta que será repetida diversas vezes ao longo da peça, para qualquer um que tenha envolvimento com a revolta. No fim da cena, uma das mulheres é levada como prisioneira.

Na cena III, **O Julgamento**, o público acompanha a primeira sessão de interrogatório a que os presos políticos são submetidos. Aos berros do comandante, respondem sobre questões relativas a um suposto saque e ao envolvimento com o movimento revolucionário.

Em **A Sentença**, eles são condenados à morte e levados à cela. O público conhece então Paulo Degino, figura que podemos considerar o protagonista do espetáculo, sobre quem recaem todas as suspeitas de conhecer o paradeiro do líder.

Na cena seguinte, uma mudança de clima e cenário quebra com o contexto erigido anteriormente. É a primeira das intervenções d'*O Balcão*, de Genet no espetáculo. Denominada **Ilusões**, essa cena se inicia com a chegada de um dos comandantes a um bordel. Ele negocia com a dona do estabelecimento e pede sua roupa de juiz. Inicia-se então um ritual em que o comandante se veste de juiz e dá início a um jogo em que ele simulará o julgamento de uma prostituta que finge ser uma ladra, enquanto o outro comandante representa um policial.

Nesse jogo, o prazer do juiz será obtido pela confissão da ladra, que deve negar sua culpa até determinado momento. Enquanto ela nega, o policial a espanca, para deleite do magistrado. No entanto, ao longo da cena, a ladra vai percebendo o poder de seu papel naquela situação, obrigando o juiz a avaliar sua função.

Ele então se percebe completamente dependente dela. Sem ladrão não há por que ele existir, assim como não há necessidade do policial. Implorando pela confissão, sem a qual ele não pode dar sua sentença ou, na situação criada pela cena, não poderá obter prazer, o juiz é carregado para fora aos berros, enlouquecido diante da insistente negativa da ré.

Em *Muros*, essa cena era uma crítica à atuação de nosso sistema judiciário, dependente dos delitos e fascinado com condenações espetaculares. Assim, esse momento surgia como um delírio dos comandantes, como uma fantasia que eles realizavam para agregar um poder maior ao seu já consolidado autoritarismo.

Foi uma cena que exigiu muita dedicação e trabalho, pela complexidade de seu texto e pelo grau de exposição que ela exigia dos atores, sobretudo por lidar com temas referentes à sexualidade e por traduzir-se cenicamente por meio de muito contato físico. Esse núcleo acabou sendo assumido por mim e por Lígia Borges, depois que o ator e a atriz que se haviam dedicado a ela abandonaram o processo.

Era um texto muito longo. Decorá-lo e estudá-lo demandava muito trabalho e, inicialmente, ficamos responsáveis por improvisá-lo a fim de trazermos aquele universo aparentemente tão difícil para um plano mais concreto, que fornecesse subsídios para que outros integrantes ousassem experimentá-lo.

No entanto, mesmo às vésperas da estréia, todo aquele jogo envolvendo sexualidade repelia a participação dos outros integrantes. Isso era evidente a cada tentativa de inserirmos na cena a participação de outras pessoas, a fim de ambientar o prostíbulo: os homens temiam ser chamados de *bicha* e as mulheres temiam ser chamadas de *galinha*. Mais tarde, quando a estréia já havia acontecido, ainda tínhamos a esperança de que outros pudessem assumir a cena, mas como sempre estávamos às voltas com tantas transformações, essa proposta não aconteceu.

A partir da cena VI, **A Cela**, passando pelas cenas VII, **O Desespero** e cena VIII, **O Horror**, toma-se contato efetivo com o material apropriado do conto de Sartre. O espaço é um cárcere onde os prisioneiros julgados na terceira cena aguardam a execução de sua sentença de morte. Estão em evidente tensão psicológica, discutem suas angústias.

Falam sobre a iminência da morte e revelam seus medos e fragilidades, conversando sobre seu envolvimento com a luta revolucionária. Entra em cena uma funcionária da prisão, aparentemente alguém com intuito de examinar os ferimentos e o estado de saúde daqueles homens. Em verdade, seu objetivo é obter informações desses prisioneiros, aproveitando as fragilidades evidenciadas por cada um deles em seu desespero.

Nasce então uma espécie de enfrentamento entre essa figura e Paulo Degino, preocupado que está em evitar que alguém revele algum segredo.

O desespero cresce com a entrada dos militares carregando o corpo de uma mulher desfalecida, com evidentes sinais de tortura. Os homens reconhecem aquela mulher e o desespero atinge níveis insuportáveis para eles, que começam verdadeiramente a questionar os objetivos de todo aquele esforço.

Em que momento os homens começam a sacrificar um ideal de transformação social e coletiva para preservar a própria vida? Essa é a grande interrogação embutida nesse contexto ficcional, e Paulo Degino, portador da desejada informação, simboliza esse homem que tem o direito de escolher entre preservar sua vida ou preservar a luta revolucionária.

Como se percebe, não era uma cena simples de ser feita, sobretudo por abordar um universo tão próximo da realidade dos próprios artistas que a encenavam.

Era uma situaçãomuito rica, em que eles compartilhavam suas primeiras impressões da prisão, reavaliando momentos tão difíceis da própria história de vida e dividindo-os com o grupo que improvisava aquelas cenas. Mas era necessário também compreender que aqueles personagens não eram presos comuns. Eles eram criminosos por agirem em prol de uma luta por justiça social, sendo vítimas de um Estado que os transformava em delinqüentes por não estarem de acordo com os princípios daquele regime político.

Tomar consciência dessa realidade evitava que a cena se transformasse em uma cela de "injustiçados coitadinhos", esforçando-se por provocar a piedade da platéia, o que esconderia a verdadeira face daqueles revolucionários. Essa qualidade ampliava a dimensão daquelas figuras e deixava mais interessante a disputa de poderes que estava em jogo na peça: a fúria dos militares pela manutenção do poder e a estratégia de luta dos revoltosos.

A cena da cela demandou muito trabalho, e por ser construída basicamente por diálogos ágeis, excetuando algumas falas mais reflexivas de Paulo Degino, possibilitou constantes exercícios de experimentação e curingagem entre os artistas envolvidos. Mas ao mesmo tempo era longa, e por muitas vezes considerei que a cobrança constante por ritmo não permitia a exploração de todas as nuanças da cena.

Essa demanda por ritmo, agilidade, "não deixar buraco" consolidava uma impressão nos integrantes de que uma cena, para ser boa, devia sobrepor uma fala a outra e um ator, para desempenhar bem um papel, deveria falar alto, agir o tempo todo com rapidez e ter como única motivação a velocidade da cena.

Esses critérios construíam uma noção do trabalho cujo resultado eu não apreciava, mas que respondia a um temor de que a cena resultasse chata, perdida na lentidão e no comodismo dos atores, satisfeitos em simplesmente decorar suas falas.

Com o tempo, percebi que aquilo era uma solução transitória, para a qual tecemos diversas considerações e críticas ao longo de nossas temporadas, apoiados pela percepção que cada um construiu da relação com o público e da própria dinâmica de seu trabalho cênico, tanto em relação à construção de seu personagem, quanto do jogo que estabelecia com os outros atores durante o espetáculo.

Na cena IX, **A Humilhação**, o grupo das mulheres aparece novamente exigindo notícias de seus companheiros. São tratadas com ironia por um comandante que, dizendo provar sua preocupação com a situação vivida por elas, oferece-lhes comida. Ele joga pães no chão, e elas se debatem para pegar as migalhas. Em troca, elas deveriam revelar o esconderijo de Rodrigo Soares. Não o fazendo, terminam presas.

O quadro seguinte, **A Diversão**, era a segunda cena emprestada de Genet. Trata-se da cena em que Chantal, uma prostituta que abandona a casa de Madame Irma e se torna cantora dos hinos que agregam cada vez mais populares à causa revolucionária, é espancada até a morte.

Em *Muros*, essa cena demonstrava a capacidade ilimitada de produção de terror por aqueles comandantes, submetendo aquela mulher a toda sorte de humilhações e indignidades: ela era estuprada, espancada, chutada, xingada e finalmente morta com um tiro, diante de sua negativa em revelar o paradeiro de Rodrigo Soares. Assim, Chantal escolhia morrer em favor da revolução, negando-se a sobreviver com a culpa de ter entregado o líder e desistido da esperança na transformação social que ele simbolizava.

Essa era uma cena muito forte, violenta e alvo de diversos problemas ao longo do processo. Diante de uma cena também pautada por uma encenação naturalista, quem acabou fazendo o papel de Chantal foi uma das atrizes formadoras, Alexandra Tavares, que teve a difícil tarefa de coordenar esse núcleo de trabalho ao mesmo tempo que protagonizava a cena.

A violência trazida pelo texto encontrou um correspondente muito mais forte no trabalho de improvisação que ela conduziu para se chegar à cena final: por exemplo, o estupro nasceu dos ensaios, e não do texto. Assim, foi de uma proposta feita pelo núcleo, e não da direção de Jorge, que surgiu uma das cenas mais agressivas do espetáculo.

Uma vez aceito o desafio de encarar a violência de forma explícita, os atores então se debruçaram sobre a realização cênica do espancamento e do estupro, já que o objetivo era conseguir um grau de realismo contundente, que não desse a impressão de que os atores tivessem "coreografado" as cenas de violência.

O resultado dessa opção era o debate diário sobre os limites de cada ato de violência e a construção da consciência da própria força e da relação estabelecida entre os gestos de cada ator e os movimentos dos parceiros de cena.

Além disso, os atores enfrentavam o desafio de encenarem algo visivelmente desconfortável e incômodo para eles. No universo prisional, o estupro é um ato imperdoável, e o contato físico que sua simulação promovia provocava muitos debates em relação à validade de tal cena.

Em minha opinião, o seu nível de realismo provocava um envolvimento de outra ordem no espectador. Muitas vezes o público deixava de se preocupar com a cena e o contexto da peça e passava a se preocupar com a atriz, certo de que ela estava realmente se ferindo. A violência era tão excessiva que passava a ser um fim em si mesma, evitando que o público passasse a questionar as causas de atitudes tão desmesuradas, tanto de Chantal, quanto dos militares.

Era, certamente, muito motivador para nós percebermos que ainda era possível provocar reações tão inflamadas na platéia a partir de uma cena teatral, em um tempo em que perseguimos um envolvimento genuíno do público com qualquer manifestação artística. Mas ela exigia um tipo de sacrifício muito difícil de ser mantido por seus artistas e uma confiança muito grande nas opções feitas pela direção por mantê-la com aquele tom tão brutal.

Se, por um lado, o núcleo que mais sofreu alterações na composição do elenco foi o da cela, por outro, a cena da Chantal foi a que demandou maior quantidade de brigas e discussões, tanto de seus atores entre si, quanto dentro do grupo. E não é exagero dizer que, praticamente até a última apresentação, ela ainda era fonte de tensão e preocupação para o grupo, preocupado com a ocorrência de algum acidente entre os atores e com a possibilidade de precisar de mais uma roda para debater aquela cena.

Depois da morte de Chantal, acontecia a cena XI, **A Resistência**. Chegávamos ao clímax da peça, o momento em que não havia mais "estratégia" para se obter a informação que só Paulo Degino possuía. Ele era sumariamente torturado, com choques elétricos, depois de ver todos os seus companheiros rumarem para a morte e passar por tanta privação naquele tempo de confinamento. Como última estratégia, ele mente. Rodrigo Soares está no cemitério. Ele sorri de satisfação, sabendo que não evitou sua morte, mas a adiou em troco da satisfação de imaginar todos aqueles soldados revirando túmulos e mais túmulos.

No momento seguinte, **O Pátio**, Paulo Degino se encontra com outros prisioneiros. Um soldado grita: "É hora da bóia!", anunciando a refeição. E lá ele recebe a notícia de que Rodrigo Soares foi encontrado no cemitério. Ao mesmo tempo, entram os soldados carregando o corpo do líder assassinado. O espetáculo termina com os presos gritando de desespero diante dos olhar dos militares vencedores.

O Espetáculo

Não era um espetáculo otimista. Terminava atestando o fracasso da investida revolucionária. Sua cena final era seca, desesperada, não preocupada em provocar falsas esperanças ou um mínimo de otimismo no futuro. O espetáculo era encerrado com a morte do líder. Isso enterrava os esforços de todos, inutilizava os sofrimentos pelos quais eles passaram. E fim.

Era um tom bastante diferente do final dos outros espetáculos dirigidos pelo Jorge, que sempre se preocupavam em exibir uma mensagem de esperança e alegria, encerrando com música e procurando demonstrar uma crença na construção de um futuro melhor.

O *Rei da Vela* encerrava com *Vai Passar*, de Chico Buarque, e todos os integrantes sambando em um carnaval de esperanças. *Mulheres de Papel* terminava com o desfile glorioso das integrantes em roupas feitas de papel reaproveitado, especialmente confeccionadas para cada uma delas, a partir de seus próprios desenhos, ao som de *O que É, o que É*, de Gonzaguinha. Mas *Muros* acabava no silêncio. *Solo le Pido a Dios*, na voz de Mercedes Sosa, entrava apenas nos agradecimentos.

Também entrava em discussão a opção pela estética naturalista e pela temática abordada na montagem. Tínhamos consciência de que um processo cujo resultado era portador de um discurso tão contundente sobre um sistema autoritário, como é o universo prisional, só poderia acontecer com a liberdade de trabalhar fora de um presídio.

Mas, ao mesmo tempo, surgia um questionamento sobre a natureza das escolhas feitas pelos integrantes do processo, e sobretudo das opções feitas pela direção. Era um questionamento saudável, intrínseco a qualquer processo artístico que pretenda permanecer vivo e pleno de sentidos para seus integrantes, interrogando constantemente sua prática.

Sabíamos que aquele processo havia começado antes dos ensaios. A realização de um espetáculo, antes de nascer a partir dos ensaios e da criação de um grupo de pessoas reunidas em torno de um desejo de investigação cênica, era uma condição essencial para que a Funap, a SAP e as unidades penais se interessassem pelo projeto Teatro nas Prisões. Assim, já assumíamos um compromisso de antemão, que era a estréia de um espetáculo.

Obviamente, para cada uma das instituições envolvidas, o espetáculo era tomado segundo os critérios que fossem mais interessantes para seus objetivos. Para a Fundação, para os presídios, enfim, para a SAP, era essencial que aquela estréia acontecesse, pois só assim o projeto adquiriria uma visibilidade que comprovasse, para um público maior, a existência de projetos culturais direcionados para a população carcerária.

Para nós, que lutávamos não só pela permanência, mas também pela própria existência do projeto, restava assumir a realização de um espetáculo como condição e, dessa forma, elaborarmos as melhores maneiras de lidar com os prazos e limites impostos por esse fator.

Assim, não éramos literalmente obrigados a realizar um espetáculo, mas entendíamos a sua importância no corpo da dinâmica institucional e optávamos pela sua realização, tomando o cuidado de não sacrificar o caráter pedagógico do processo. Lutávamos, diariamente, contra a tentação de resolver a encenação de modo eficiente à custa da ausência de debates e de discussão coletiva das decisões artísticas. Jamais deixávamos de lado a experimentação e a troca de opiniões relativas à peça e seus personagens, impedindo o prevalecimento de uma direção que submetesse os atores à obediência, alijados de parte essencial do exercício de criação.

Submeter atores, egressos, profissionais ou presos a respeitar marcações, simplesmente porque a direção assim deseja, equivale, em última análise, a agir como a própria prisão.

E por isso nosso processo muitas vezes se debruçava sobre as dificuldades reais de optar pela construção, em todos os integrantes, da valorização de cada opinião a respeito de tudo que envolvesse a criação artística.

No caso, essa construção era mediada pela criação de um espetáculo cujo texto já veio escolhido pelo diretor do trabalho, e essa opção nunca deixou de ser questionada. O texto, contundente e favorável ao trabalho cênico, era uma obra extremamente vinculada ao cotidiano daqueles homens e mulheres.

O discurso da peça era completamente contra o autoritarismo e suas manifestações violentas, como a tortura institucionalizada, denunciando a incapacidade dos governos de lidar com as pressões populares, transformando-as em práticas criminosas.

O espetáculo mostrava os detentores do poder como torturadores violentos, preocupados com manter sua posição à custa da contenção das revoltas populares, que procuram mudar aquela estrutura política. Os populares estavam presos em uma cela, e passavam todo o tempo sofrendo torturas físicas ou psicológicas. Esperavam a morte e atribuíam à figura de Rodrigo Soares a última esperança de mudança daquela situação.

Como ele acabava assassinado, o espetáculo se encerrava em tom pessimista. Não dava sinais de possibilidade de transformação, mas entregava à platéia a pergunta que nós mesmos nos fizemos muitas vezes ao longo de todo trabalho: E agora, que a última esperança ruiu?

As opiniões sobre o espetáculo foram bastante divergentes. Louvava-se mais uma vez a qualidade do trabalho conquistado pelos artistas que iniciavam. Ou então éramos elogiados pela coragem em abordar aqueles temas de forma tão direta no contexto mais obviamente associado à situação representada pelo espetáculo. Mas o incômodo provocado pela situação apresentada gerava questionamentos ao uso tão explícito da violência.

Será que, ao colocar homens e mulheres saídos do contexto prisional em cenas que aconteciam ou em uma cela, ou em situações violentas, carregando armas, cometendo estupro e espancamentos, não estaríamos reforçando o estereótipo do preso violento do qual eles precisariam se libertar?

Ao mesmo tempo, precisamos compreender esse espetáculo no momento em que o diretor pôde, pela primeira vez, abrir mão de subterfúgios para tratar da realidade prisional. Se os temas abordados por *Muros* estavam subentendidos nas peças anteriormente encenadas por Jorge, agora ele obtinha estrutura para apresentar de forma explícita sua crítica ao modelo prisional.

Nota-se que, à medida que ele conquistou espaços de autonomia, os espetáculos foram ganhando um vínculo maior com a linguagem naturalista. No contexto repressor do COC, ele emprestou da comédia popular de Suassuna e da acidez de Oswald de Andrade as situações que validaram a crítica às estruturas de poder ante aos olhos atentos da instituição. Na PFT, a repercussão positiva de *Mulheres de Papel* já demonstrava uma abertura ao naturalismo no trato de questões outrora embutidas em uma poética cômica. Em *Muros*, finalmente, Jorge assumiu sua crítica, assinando direção e adaptação do texto e optando por encarar o risco de desagradar a muitos.

O espetáculo realizaria sua estréia oficial em dezembro, dia 8, para uma platéia seleta, na qual se esperava também a presença do governador do estado, que não veio. Mas lá estavam o então secretário da Administração Penitenciária, Nagashi Furukawa, diretores de presídio, dirigentes da Funap e funcionários da SAP, para assistirem ao que se tornou o último evento aberto ao público no Carandiru.

O espetáculo, apresentado oito vezes no Pavilhão II, teve uma repercussão razoável, com lotação esgotada todos os dias, chegando a comportar quase cem pessoas na última apresentação, sendo a lotação de sessenta pessoas.

Antes dessa pequena temporada, o espetáculo foi apresentado na III Mostra de Licenciatura em Artes Cênicas da USP, para uma platéia formada principalmente por universitários e professores do Departamento de Artes Cênicas da Escola de Comunicações e Artes, interessados no debate proposto por *Muros*.

O grupo também foi convidado a realizar uma apresentação, seguida de debate, na histórica sede da Faculdade de Direito da USP, no Largo São Francisco, centro de São Paulo e berço dos mais renomados profissionais da área em nosso país. Foi a primeira vez que um grupo de presos entrou naquele lugar, que inauguraria, em 2005, a primeira disciplina voltada para os Direitos Humanos na história do curso de Direito.

Foi uma apresentação muito significativa, e a platéia pouco ocupada simbolizava a distância entre os técnicos do Direito e uma parcela significativa da população alvo de sua ação profissional.

Essas apresentações atendiam a nosso interesse em levar para diferentes segmentos o resultado do trabalho, ampliando o debate que o projeto instaurava através do próprio espetáculo e da natureza de nossa prática. Obviamente, nossa esperança era de que essa repercussão atingisse o maior número de pessoas, e certamente a possibilidade de uma grande temporada no Carandiru nos teria sido favorável nesse aspecto.

Mas a infra-estrutura necessária era dispendiosa. Era preciso alugar todo o equipamento de som e iluminação, incluindo aí um gerador, e providenciar banheiros químicos para o conforto do público, já que lá não havia mais encanamento ou instalações elétricas.

A Funap não tinha mais como pagar esses custos. Restava-nos esperar a verba conquistada através da Lei de Fomento, que só chegou em maio de 2005, com oito meses de atraso, em razão da desordem financeira do município e de um processo judicial que impossibilitou o pagamento à Cooperativa Paulista de Teatro. Em abril deixamos o Carandiru, cujas obras para a construção do Parque logo seriam iniciadas. Em julho daquele ano, o Pavilhão II seria implodido, em claro esforço de provocar a falsa impressão de que aquele presídio nunca existira.

Em 2005

Todo o processo que sucedeu à temporada do Carandiru foi uma tentativa de fazer que o projeto não acabasse, apoiado no esforço da Funap em renovar os contratos dos atores formadores e dos presos em regime semi-aberto, enquanto aguardávamos a verba, que nos era de direito, da Secretaria Municipal de Cultura.

Foi um tempo dedicado a fazer valer todas as conquistas obtidas até ali, a despeito dos integrantes que deixaram o processo pelas mais diferentes razões.

O contrato com o presídio de São Miguel estava extremamente fragilizado. Os presos do regime semi-aberto haviam chegado atrasados por algumas vezes e alguns dos integrantes não demonstravam interesse real pelos objetivos do trabalho. Mas a decisão de romper o contrato e definitivamente excluir essas pessoas do trabalho foi muito difícil de aceitar. Afinal, sempre lidamos com os diferentes níveis de interesse apresentados pelos integrantes.

Mas naquele ponto do processo, em um momento em que tantos desistiam, era arriscado demais manter uma situação tão instável. O nosso trabalho agora era reconstruir cada uma das cenas, pois praticamente todas haviam perdido algum integrante. E diante daquele momento de crise, optou-se por consolidar uma espécie de segurança que nunca tivemos, que estava apoiada no compromisso de cada um com relação ao grupo e ao espetáculo.

Na conversa final com os três integrantes do presídio de São Miguel, os limites de nossa atuação acabaram todos expostos. Marcos, um deles, consciente da situação que se apresentava, foi muito lúcido ao nos expor por que preferia realmente retirar-se do processo. Por mais que ele entendesse o valor de seu compromisso diante do grupo, sua vida nem sempre o deixava optar pelo que considerávamos certo para o trabalho. Entender e até aceitar os acordos definidos em relação ao grupo não queria dizer necessariamente que ele conseguiria, ou estaria disposto a cumpri-los o tempo todo. Porque nem sempre isso era tão simples.

Assumir um compromisso perante um coletivo e fazê-lo valer não era tarefa fácil para nenhum dos integrantes do grupo. Mas os presos, além de prestar contas para o grupo, tinham de prestar contas a uma instituição. E, diferente de nós, a prisão não pede explicações, não desculpa, não oferece espaço para trocas de opinião e não considera o erro uma possibilidade.

Na instituição punitiva, aqueles homens viviam submetidos a um número infinito de regras e punições, num sistema tão regrado que não há como imaginar uma equivalência com o mundo externo, onde estamos o tempo todo sujeitos a nossas próprias decisões.

No processo teatral, construímos experimentações que abrem imensas possibilidades. E selecionávamos, por meio de categorias que iam sendo elaboradas com base em muitos debates, os resultados que julgávamos mais interessantes para o espetáculo.

Não havia, portanto, como imaginar criação artística sem entender o compromisso com os parceiros, traduzido na participação prática nos ensaios e na elaboração e esforço do cumprimento das regras. E essas regras deveriam atender aos interesses de todos os envolvidos, dentro das disponibilidades oferecidas, sobretudo pelas instituições às quais devíamos prestar contas.

A procura pela consolidação desse processo de construção do grupo foi a grande batalha do grupo em 2005. Um trabalho constante, que devia atribuir às discussões a mesma relevância da criação cênica, a fim de efetivar a importância dos debates, e o espaço para isso era a roda. E mesmo que ela tenha estado presente desde o início, foi demorado deixar de enxergá-la apenas como um espaço para discussões de cunho pessoal.

Também era complicado retirar daquele espaço a suspeita de que servia apenas para acusações. Havia um medo de que, se alguém levasse qualquer assunto para discussão, o tema poderia acabar se voltando contra algum integrante do processo, que invariavelmente centralizava o debate em sua defesa.

Era difícil, por exemplo, extrair de uma situação incômoda um tema mais amplo e de interesse coletivo. Por exemplo, se sumisse o material de cena de alguém, resolver essa situação era um problema do grupo. Não interessava apenas descobrir um eventual culpado, mas sim compreender a importância de não descuidar do próprio material e também de não mexer no material de cena de outra pessoa, para evitar problemas.

Essa era uma situação típica, que gerava discussões acaloradas e úteis para o trabalho, e nos esforçávamos para não resolvê-las sem antes deixar que o próprio grupo se manifestasse em relação ao caso. Em muitos aspectos as discussões eram cansativas, redundavam nas dificuldades específicas de cada participante e consumiam muito do nosso tempo, que poderia ser dedicado a mais ensaio, mais processo de criação.

Mas o tempo atribuído a essas questões não podia ser encarado como desperdício. Se aconteciam com freqüência, era por acreditarmos na importância da transparência no trato das questões que diziam respeito ao grupo e pela certeza de que, quando todos tinham a possibilidade de se manifestar, estávamos evidenciando a importância do papel do teatro na vida daquelas pessoas.

Não é sem razão que a convivência grupal era apontada como uma grande oportunidade oferecida pelo teatro. Mariângela, que já havia trabalhado conosco quando estava presa no Tatuapé, valoriza essa questão:

> Eu acho bom as regras. Aqui tem que ter também, porque a gente veio de um lugar que tem suas regras e ao mesmo tempo nada funciona, e aqui também muitas regras às vezes funciona, às vezes não, porque nem sempre todo mundo anda pela linha certa. Eu aprendi uma coisa que é que a gente tem que saber lidar com as pessoas diferentes, que eu era muito ignorante. Tinha aquela coisa de não esperar a vez pra falar, de querer tudo na hora, então o grupo me vez perceber que não é sempre assim. E me melhorou em outras coisas,

que como eu sou vendedora, não dá pra tratar na ignorância. Tem gente que diz que isso não é nada, mas eu tiro como uma lição de vida, pois eu estou me dando bem. E antes eu não conversava com as pessoas.

Renato, do semi-aberto, também:

Foram dez meses eletrizantes da minha vida. Eu estou aprendendo. Tipo assim, o teatro não é só a gente estudar um texto e subir num palco e passar pras pessoas a nossa mensagem. A gente tem uma relação de grupo, a gente conversa, a gente se espelha e sem querer a gente se pega analisando a vida do outro e vai vivendo experiências novas. O que eu aprendi no teatro é que eu nunca tinha vivido uma vida honesta. Eu trabalhei uma vez na minha vida, e fui preso com dezoito, roubava desde os dezesseis. No teatro eu aprendi a valorizar pequenas coisas. Eu achava que tinha que ter e pronto, e eu sei que o teatro é resultado do meu trabalho, então você percebe o retorno. O grupo é muito louco! Ele é complexo. A gente tem pessoas de A a Z, de todos os tipos, então é da hora. Cada um tem o seu jeito particular, e você tem que ver os defeitos de cada um e superar e caminhar pra acontecer.

Nas palavras de Marcos, que provavelmente já cumpriu sua pena:

Aprendi e resgatei algumas coisas, como o companheirismo, que você vê o tempo todo. Aprendi a ter muita paciência, aprendo a ouvir, aprendi a falar, aprendi a criticar, aprendi a ouvir crítica. Há um tempo atrás, se alguém viesse me criticar eu já agredia, coisa bem da mente pequeninha, fechada. Faz diferença ser de em grupo, pois cada um tem uma opinião, um ponto de vista diferente. É claro que pra mim cabe acatar o que eu acho certo, porque de repente o que é certo pra ele não é certo pra mim, e é válido estar escutando, estar refletindo.

E nas palavras de Kely, uma síntese do esforço e da transformação que o processo instigou em uma pessoa que nunca sequer teve vontade de fazer teatro na vida.

> No começo eu achava muito esquisito, fazer uma coisa que fosse do clima do presídio e ao mesmo tempo não. No começo eu não entendia nada! Mas muita ficha está caindo agora. Eu estou aprendendo que você tem que dar de si pros outros, tem que tirar de você pra platéia. Você tem que se manusear pra fazer a peça e isso é bom demais. Eu aprendi a superar meu nervoso e conseguir ver o outro lado das coisas. Ter paciência. Eu não sei explicar direito. Tem a realidade e a não-realidade, o personagem, e ao entrar na peça você tem que ser o personagem, mas aí você sai e tem que pensar em você mesmo. Na discussão, você tem aquela raiva, mas tem que se acalmar, se controlar pro outro te entender. O que me fez superar foi minha força de vontade, de aprender a gostar, pelo menos um pouquinho. Ter a responsabilidade com o grupo, com os horários. Eu tinha um gosto e ao mesmo tempo um desgosto, e eu me segurava por causa do dinheiro, mas aí eu faltava, ia no médico no horário do ensaio. Hoje eu não faço mais isso.

Durante o ano de 2005, o grupo cumpriu os objetivos previstos no projeto aprovado pela Secretaria Municipal de Cultura. Realizou uma temporada de dois meses no Tusp — Teatro da USP e uma longa temporada no Teatro Studio das Artes. Foram ao todo noventa apresentações.

É importante destacar o valor da temporada em um bairro central de São Paulo, na Pompéia, zona oeste da cidade. Ali o espetáculo atingiu um público potencialmente diferente do que atingiria caso o foco se mantivesse restrito à população carcerária.

Isso redimensionou o espetáculo, apresentado agora para um público improvável, cujo posicionamento crítico ante a atual situação de violência em nosso país nasce dos lugares-comuns professados por uma imprensa pouco interessada em levar a fundo o debate em que se insere o contexto prisional, ou professa uma compreensão limitada do abismo social materializado nas esquinas de nossa cidade, em que convivem o carro importado e a criança que pede esmola.

De certa forma, é a esse público que o espetáculo se dirige, é a esse público que se pretende dar novas dimensões de nossa crise social, revelando a outra face do estereótipo do crime e do criminoso, refletindo por que razões o sistema penal não pode ser compreendido como única solução para as transgressões legais em um país com tamanha desigualdade social como o nosso.

CONCLUSÕES

A prisão é um aparelho construído com a missão de reeducar infratores, para devolvê-los, disciplinados, ao convívio social. O processo que ela professa desenvolver, a ressocialização, acontece fora da sociedade, em um espaço gradeado, isolado, chumbado e vigiado onde resta aos infratores lutar por sua sobrevivência, enquanto convivem com outros condenados em um ambiente que acaba, realmente, promovendo um processo de ressocialização. Mas não para o convívio entre cidadãos livres.

O indivíduo submetido à prisão aprende a sobreviver lá dentro. Aprende como deve se portar ante o corpo funcional, se quiser sofrer menos agressões. Aprende a ganhar dinheiro dentro da cadeia, se quiser continuar se alimentando decentemente e manter a cela limpa, pois precisa comprar os artigos que a prisão não oferece. Aprende como arranjar facilmente um celular para manter contato com o mundo externo. Aprende a lógica e a ética que regem os jogos de poder dentro da prisão, dos presos entre si e dos presos em relação aos funcionários do sistema.

Aprende, enfim, a ser um preso. E é exatamente para isso que o presídio se esforça: presos são previsíveis. Presos são reconhecíveis. Seus códigos de conduta permitem que eles se matem sozinhos, permitem que eles cometam cada vez mais crimes e assim sigam o resto de suas vidas entre o crime, a prisão e a ilusão da liberdade.

Ilusão porque, uma vez soltos, não lhes restam muitas alternativas a não ser voltar para o crime. Não existem vagas de trabalho disponíveis para quem tem uma ficha de antecedentes criminais, não há possibilidade de apagar o estigma que o tempo perdido na cadeia marca na história do indivíduo. Pode-se ter cumprido a pena, mas será visto sempre como um criminoso.

A sociedade reconhece no ex-presidiário os horrores que acompanha pela televisão a cada notícia de rebelião em cadeia. Ela se lembra dos cento e um mortos no Carandiru real e no Carandiru da ficção, ela se recorda das imagens de carcereiros com a cabeça decepada, de colchões pegando fogo nos pátios da prisão, de funcionários de presídio apanhando e sendo atirados do alto das muralhas de unidades penais. E, definitivamente, não aceita a possibilidade de que aquele lugar produza qualquer vestígio de melhora em quem tenha cumprido pena.

O processo de *construção da delinqüência* (Foucault, 2004) é a definição que melhor explicita o sentido da prisão dentro da ordem social hoje estabelecida. Essa é a sua dupla função: fingir que protege a sociedade ao mesmo tempo em que confirma a existência de um grupo social passível de constante vigilância.

> O atestado de que a prisão fracassa em reduzir os crimes deve talvez ser substituído pela hipótese de que a prisão conseguiu muito bem produzir a delinqüência, tipo especificado, forma política ou economicamente menos perigosa — talvez até utilizável — de ilegalidade; produzir os delinqüentes, meio aparentemente marginalizado mas centralmente controlado; produzir delinqüente como sujeito patologizado. O sucesso da prisão: nas lutas em torno da lei e das ilegalidades, especificar uma "delinqüência" (Foucault, 2004, p. 231).

A cadeia aparenta estar em crise. Isso não significa que seu fim esteja próximo. A cada dia mais unidades são construídas, uma vez que diferentes setores da sociedade civil se apóiam na desumanidade da prisão com o intuito de fazer a "justiça" prevalecer.

E a tentativa de fazê-la prevalecer justifica os imensos gastos com construção de muitas outras unidades penais. Justifica o valor despendido com todo o aparato policial e compromete uma quantia insustentável da verba do Estado, que vai precisar desenvolver alternativas paliativas para a atual demanda por criminalização que contamina os discursos professados por diferentes setores da sociedade.

Se há um ponto de acordo entre eles, dos mais conservadores aos mais radicais, está relacionado à prisão. E quando se constata que os grupos mais radicais da sociedade civil não conseguem pensar em outras formas de justiça que não o aprisionamento, temos ciência do grau do vínculo estabelecido entre o sistema penitenciário e o corpo social, e da dimensão da luta que é preciso travar contra a naturalidade com que a prisão é enxergada na dinâmica punitiva da sociedade.

Entrar em um presídio e propor um processo teatral é, em muitos aspectos, o avesso do tipo de trabalho que é feito naquele espaço, preocupado que está seu corpo funcional em manter o equilíbrio da instituição mediante muita vigilância, medo e punição.

E é também o avesso do que se preconiza para um processo artístico, pois em uma prisão a arte sempre vai esbarrar nos limites impostos pela política institucional que a permite existir e, para muitos, seguir fazendo arte nessas condições é render-se ao sistema que se pretende criticar.

Ninguém é ingênuo nesse jogo. A instituição coíbe, mas permite, pois sabe que lhe faz bem mostrar um lado humano de seu papel punitivo, uma face estimuladora de criatividade em seu ambiente, um produto artístico em seu espaço onde só há lugar para o que é mensurável de produção de artigos nas fábricas que lá se instalam.

Nos processos que vivenciei, resistíamos às pressões da instituição imaginando o tipo de resultado que seu corpo dirigente esperava de nosso trabalho, e nos esforçávamos para mostrar o quanto éramos capazes de satisfazê-lo.

Respondíamos às críticas do corpo institucional sempre com "grande" propriedade: O texto é muito forte? Mas o autor é um cânone da literatura nacional! Há um nu em cena? Mas o efeito daquela cena é de um valor poético inestimável para o espetáculo, que está sendo muito elogiado pelas pessoas que visitam a unidade. E assim o espetáculo ficava mais próximo de como gostaríamos que ele fosse e o processo permanecia sob nossa regência.

Isso é essencial para que se perceba a dimensão da responsabilidade dos condutores do processo atrás das grades: tão importante quanto o espetáculo, é o desafio de construir um grupo.

Porque esse desafio, que atinge qualidade correspondente ao nível das discussões produzidas pelos integrantes ao longo do processo, consolida um exercício de tomada de consciência da importância de cada contribuição para a constituição do grupo, indicando a capacidade de produzir reflexão conectada com a prática diária com o texto, com o espaço cênico e com os companheiros de empreitada.

Piaget se debruçou sobre o processo de construção da consciência das regras pelos seres humanos. E comprovou que, para um indivíduo desenvolver-se rumo à autonomia, ele precisa entrar em relação com o universo moral de seu próprio grupo social, instaurando um processo constante de atribuição de sentidos aos desafios propostos pelo cotidiano, à luz das regras instituídas pela sociedade.

Autonomia é uma palavra que compreende a idéia da cooperação, e cooperação existe na relação entre indivíduo e grupo. Outra vez o avesso da cadeia, que prima pela individualidade e pela massificação dos comportamentos. E outra vez o teatro persegue o oposto: ele precisa da descoberta dos potenciais individuais, mas amparados e colocados a serviço de um esforço coletivo.

O processo, conduzido aparentemente rumo a um espetáculo, está protegendo seu cerne, pois sua intenção não declarada é gerar debates, é produzir posicionamento crítico, é conduzir ao respeito mútuo, é fazer que as regras sejam respeitadas não por coerção, mas pelo seu sentido de preservação do esforço coletivo, por respeito sincero aos outros que também se esforçaram para chegar ao ensaio no horário, que também abriram mão de outros afazeres para estudar o texto e que decidiram melhorar as condições do ensaio, do espetáculo e do convívio.

Melhorar: para isso os integrantes devem elaborar as regras de funcionamento do grupo e se esforçar para consolidá-las; para isso eles combinam diferentes possibilidades de improvisação para a cena que vão criar. Porque é possível compreender mais profundamente os significados das regras que vão ser preservadas e dos movimentos e falas que vão ser encenados, quando se participa de sua criação.

E um processo de criação, principalmente dentro de um presídio, que seja conduzido com a intenção de investigar a profunda relação entre liberdade e arte não pode agir como a cadeia: não pode obrigar ninguém a chegar no horário à custa de terrorismo, não pode obrigar ninguém a fazer o que não quer em cena e não pode permitir que as pessoas permaneçam, durante os ensaios, apenas caladas, obedecendo.

Fazer que as pessoas se exponham, emitam suas opiniões, engajem-se nos desafios do texto e da encenação, percebam e construam quantos sentidos forem possíveis de se associar ao fazer teatral é, sem duvida, um exercício muito maior que montar um espetáculo.

Mas fazíamos as duas coisas: construíamos um espetáculo ao mesmo tempo que nos voltávamos para a construção de um vínculo sincero entre os integrantes e o texto, entre os integrantes e a encenação e, no fim, entre os integrantes e o compromisso com o público.

O espetáculo não era só o momento do deleite, não era só o resultado de meses de ensaio. Era o momento crucial da conquista da relação com as mais variadas platéias. Ele concentrava, em uma hora de apresentação, um momento de surpresa para público e artistas.

Era o último desafio que a arte teatral trazia para o grupo, o de transmitir algo muito maior que o texto, muito mais surpreendente que a cena: mostrar que eram capazes de fazer algo significativo; exibirem-se no desafiador momento de provar que eram capazes de ser artistas, de mostrarem que eram mais que bandidos.

E a platéia aplaude esse momento surpreendida por seus próprios preconceitos. Por ver que, realmente, as imagens dos presos em atos odiosos resulta não de uma natureza maligna inerente aos criminosos, mas se configura como resposta ao próprio sistema, que produz aquele desespero todo. Por ver que, em resposta a um outro tratamento, presidiários podem realizar uma obra de arte e outras imagens, provocadoras de emoções de outra ordem, aplausos e lágrimas.

O espetáculo é um ciclo que se conclui. A satisfação, ou não, dos envolvidos agora tende a ficar clara. Os esforços agora se traduzem na manutenção e multiplicação da obra, na esperança de que cada pessoa da platéia se mobilize a partir daquele encontro. Que ela consiga enxergar o prisioneiro com outros olhos e se interesse em desvelar os terrores da prisão, para criticar esse produto da ação humana que, como tal, pode e precisa ser reavaliado.

"Diante das contradições e limites de uma prática teatral com presidiários, é possível que ela provoque fissuras, rupturas no sistema que a comporta?" foi a pergunta que me propus a investigar, a partir da análise de minha experiência com teatro nas prisões, acompanhando o trabalho do diretor Jorge Spínola e do Núcleo Panóptico de Teatro.

Sim, o trabalho teatral provoca inúmeros questionamentos à estrutura da instituição prisional. Não é sem razão que o teatro luta para sobreviver em um contexto dominado pela ausência de interesse por aquele que deveria ser seu único objeto de atenção, o processo de ressocialização dos apenados, e é encarado como opositor aos princípios de disciplina e segurança da unidade penal.

O desconforto da instituição perante o trabalho teatral, e vice-versa, é um princípio de trabalho, é parte integrante do contexto, e deve ser assumido como uma realidade a ser enfrentada diariamente por quem decide produzir arte atrás das grades. Não adianta reclamar da falta de apoio do presídio, não adianta perder tempo se insurgindo contra o tratamento pouco amigável dispensado pelos funcionários. Na maioria das vezes, o trabalho está apoiado no interesse pessoal dos artistas envolvidos e na crença de que aquele processo vai fazer sentido para os que dele participam.

Sobreviver à indiferença, ou o que é pior, às pressões da instituição, valorizando o espaço conquistado com um processo que restabeleça o sentido crítico de homens e mulheres habituados pela prisão a não demonstrarem vontade própria e a não emitirem opinião, é um outro meio de provar o que o teatro pode mobilizar.

Em lugar algum é possível considerar um trabalho teatral autoritário, pautado na obediência dos artistas às marcações do encenador, como um processo relevante. Mas na cadeia, um processo assim é cruel, por não trazer nenhuma contribuição para os envolvidos, que só encontrarão um outro lugar para se sentirem alijados de capacidade crítica a partir de um tratamento que os reduz a "seres que seguem regras".

Por essa razão, a relevância do espetáculo e do seu significado, do discurso que ele produz sobre aquela realidade prisional. Porque a história do aprisionamento daquelas pessoas é algo tão forte que já constitui um signo da encenação: presos conseguiram realizar um trabalho teatral.

O espetáculo assusta o universo institucional, pois ele é a prova da capacidade de mobilização dos aprisionados. É um momento em que o sucesso da empreitada depende do envolvimento e da confiança no esforço coletivo, e isso é contrário ao esforço individualista que a prisão tenta produzir no apenado.

Por um momento, o artista, e não o preso, está em primeiro plano. E a beleza que o teatro é capaz de provocar só faz ampliar a terrível condição que é estar preso. Assim como a desgraça de estar preso amplia a beleza que o teatro é capaz de provocar.

E produzir arte, em última instância, ofende a missão não declarada, a função real, mas pouco enobrecedora da instituição prisional, que é seu caráter punitivo. Receber aplausos, elogios e atenção não é para os presos; é para a cadeia, é para o diretor da unidade. Afinal, ele se arriscou muito ao permitir que um grupo de presos tomados por artistas ensaiasse dentro de suas dependências.

E aí surge o esforço da instituição em encerrar o projeto. Foi-se o tempo de expulsões escandalosas, como acontecera com Ruth Escobar, que estampou notícias em jornais e, acusada de incitar uma rebelião, tornou-se alvo de ação judicial. Foi-se também o tempo do descuido envolvendo o projeto de Maria Rita Freire Costa, que obteve permissão para realizar uma apresentação fora do presídio mas, acompanhada de apenas uma policial, acabou assistindo à fuga de algumas integrantes na porta do Centro Cultural São Paulo.

Essas experiências ganharam, em sua época, notoriedade e apoio. Foram exemplos da possibilidade de realização artística dentro da prisão. Mas, ao mesmo tempo, serviram de justificativa para que práticas teatrais em cadeia fossem desestimuladas. Afinal, deram visibilidade às condições de vida dos apenados e, na lógica do corpo funcional, de alguma forma estimularam a revolta e o desejo de fuga de algumas presas.

Hoje, o teatro não é impedido de entrar na prisão; ele é impedido de permanecer, de se consolidar. O espetáculo pode até estrear, mas se ele vai conseguir atingir um número razoável de apresentações é uma outra questão. E assim o esforço redunda em uma certa sensação de desperdício, de impotência, de incapacidade de enfrentar o inimigo fatal que é a instituição.

E corre-se o risco de desistir.

O breve panorama histórico dos processos teatrais descritos no Capítulo 2 ostenta trajetórias de realizações marcadas tanto pela coragem, como pelo cansaço de seus protagonistas.

Frei Betto percebeu, realizando encenações, a possibilidade concreta de produzir reflexão significativa com base nas experiências de vida de homens presos.

A partir do depoimento do diretor Roberto Lage, percebe-se como as práticas avançam à medida que os processos conquistam possibilidades de se desenvolver em prazos de tempo maiores. Ele é o primeiro a mencionar a importância do valor agregador da arte teatral, e de como a consciência de pertencimento a um coletivo capaz de realizações significativas perturba a relação entre o corpo institucional e os presos.

Da longa parceria entre Elias Andreato e Maria Rita Freire Costa, deve-se destacar um modelo de criação coletiva que conquistou notoriedade não só pelo âmbito social da ação realizada, mas também pela qualidade artística dos espetáculos concebidos com as atrizes da PFC.

Nesse caso, a relação entre a continuidade e a qualidade do trabalho, realizado durante seis anos consecutivos, traz à tona justamente a triste conclusão dispensada ao *Projeto Drama: Processos Educativos Através do Teatro*, que foi abruptamente interrompido, após uma série de incursões bem-sucedidas em penitenciárias de todo o estado de São Paulo.

O *Projeto Drama*, ao propor oficinas de teatro-fórum com prisioneiros para tratar de temas polêmicos como Direitos Humanos, foi um marco do reconhecimento da utilização de técnicas dramáticas e do teatro como instrumento pedagógico em prisões.

Pode-se questionar a pouca atenção dispensada ao caráter artístico dessas experiências, mas realmente questionável é o encerramento desse projeto, finalizado sem maiores satisfações após seis anos de um trabalho que envolveu presos, agentes penais, monitores educacionais e técnicos da Funap, artistas e instituições nos âmbitos federal e estadual.

Mulheres de Papel foi um exemplo da insensibilidade de um sistema interessado em manter sua rotina, que não hesitou em fomentar o encerramento de dois anos de trabalho. A cada apresentação, sessenta pessoas viam as condições de vida daquelas mulheres. Sessenta pessoas sentiam medo de compartilhar um espaço construído para conter quinhentas criminosas, e se perguntavam seriamente se aquelas condições seriam capazes de produzir alguma mudança positiva em alguém. Sessenta pessoas assistiam a um espetáculo e deixavam o presídio certamente avaliando o tipo de relação estabelecida entre aquelas mulheres e público, comparando-o ao tipo de cuidado que lhes fora dispensado pelos funcionários da unidade, no curto percurso trilhado para chegar ao pavilhão em que a peça era apresentada.

Não interessava nada disso ao presídio, sobretudo quando ele se percebe diante da capacidade da arte em construir muito mais sentidos do que aqueles que seu corpo funcional pode prever. Por isso fomos expulsos.

Essa habilidade da arte em produzir sentidos além dos explicitados pelos elementos materiais e textuais da cena, essa capacidade de construir significados outros diante do espectador constitui-se em uma das fissuras possíveis que escapam ao controle do sistema penal.

Por essa razão o cuidado com a temática e a qualidade estética da obra realizada atrás das grades: como toda obra, é na sua capacidade de reverberar sentidos que ela será apreciada. E na prisão, onde se objetiva tanto controle, a arte fornece matéria impalpável e alheia a submissões.

Muitas vezes, avaliei a opção de trabalhar fora do presídio, com egressos e com presos em regime semi-aberto, como uma desistência. Eu enxergava naquela estrutura uma fuga do local em que nosso trabalho fazia mais sentido, de uma escolha arriscada em prol de uma facilidade que comprometeria nossos objetivos e nossa opção por fazer teatro na prisão.

Mas me assustei quando percebi que nosso trabalho era muito mais difícil fora da prisão do que dentro dela. Todas os componentes do grupo, em verdade, se assustaram. Nós ensaiávamos com pessoas sobre as quais nada sabíamos, que estavam recomeçando a construir sua vida em liberdade, e muitas vezes discutíamos para fazê-las obedecer às leis da cadeia, em nome de sua permanência no processo.

A estratégia superou nossas expectativas: o Núcleo Panóptico ainda existe, sem os presos do regime semi-aberto, mas com muitos dos atuais atores integrados ao grupo quando ainda se encontravam nessa fase da progressão da pena.

Pudemos vivenciar a possibilidade de apresentar muitas vezes o espetáculo, e acompanhamos os desdobramentos das fases do processo: um momento que durou até depois das primeiras apresentações, quando era novidade para a maioria dos participantes; não sabíamos tudo sobre o espetáculo, não sabíamos tudo sobre o texto, não sabíamos tudo sobre o que estávamos fazendo em cena. Mas as apresentações aconteceram assim mesmo.

E ao longo do ano de 2005, dedicado a muitas apresentações, não só o texto foi ficando mais claro, não só a peça foi ficando melhor. O interesse pela prática teatral, pela linguagem cênica, também passou a existir de forma real. Não era mais assunto de domínio da direção e dos atores formadores; não era um tipo de assunto que só surgia por meio de intervenções "profissionais".

Podíamos reavaliar as opções estéticas feitas em *Muros* e decidir o que nos motivava a continuar encenando. O grupo podia questionar a linguagem naturalista, podia duvidar das opções da direção e, no meio de tantas interrogações, uma certeza se consolidava: estavam dispostos a seguir com o teatro. E agora o discurso tinha de ser mais do grupo que do Jorge. Menos cadeia e mais outras possibilidades.

Mas não se pretende distância da cadeia para esconder a própria história. Esse passado é patrimônio significativo, essencial para provar o valor de um grupo de egressos que trabalha por opção própria em um desafio arriscado, inseguro e que os expõe excessivamente ao perigo. Estão em cena. Porque decidiram que é isso que querem. Porque enxergam no teatro uma maneira de responder à cadeia e provar que ela não os venceu.

Esse foi um passo significativo, conquista do trabalho de Spínola ao longo dos quase dez anos em que ele se dedicou a processos teatrais com população carcerária. Munido da filosofia pedagógica de Paulo Freire e de uma experiência teatral bastante vinculada às práticas do Teatro do Oprimido, seu trabalho não construiu uma metodologia. Porém ele viabilizou uma seqüência de práticas teatrais que foram construindo uma crença profunda na criação de espaços em que homens e mulheres presos encontravam a possibilidade de valorizar sua capacidade de produzir idéias e debatê-las.

Precisavam avaliar e construir seu vínculo com um grupo e, portanto, não apenas reaprender a respeitar regras, mas ter consciência da sua necessidade e fazer valer seu cumprimento, se realmente se interessassem em concluir um projeto coletivo.

A palavra *consciência* possui um peso muito grande quando o que está em jogo são pessoas submetidas a um regime de coerção e obediência. Para a prisão, a obediência é suficiente. Para o teatro, obedecer pode ser bom, mas a consciência do pertencimento a um grupo com objetivo comum é melhor.

O teatro na prisão constrói um espaço que estimula a autonomia em um ambiente marcado pela heteronomia. No entanto, cientes de que o teatro não vai mudar todo o sistema penal, qual seria o sentido de se promover um processo artístico coletivo dentro de uma penitenciária?

A possibilidade de interação com o processo de construção do contrato de trabalho e, no caso do teatro, com as decisões estéticas levadas para a cena, promove uma reflexão no âmbito da coletividade.

O que as práticas teatrais aqui analisadas propuseram foi a possibilidade de infratores tomarem decisões e, com isso, entrarem em contato com regras e leis, de tal forma que pudesse ser percebida a importância não só do seu cumprimento, mas sobretudo da participação coletiva nos debates que lhes deram origem.

Esse tipo de relação pode nascer de um processo teatral, ou de qualquer outra prática que acredite no potencial de desenvolvimento da autonomia pelo homem.

A cadeia não produz essas práticas. E nem vai produzir. Elas podem acontecer com o esforço dos que ainda se aventuram por aquele mundo, cada vez mais perigoso e hostil, nos espaços restritos de resistência ainda encontrados por lá: suas salas de aula, suas oficinas culturais e, por que não?, nos postos de trabalho que ela oferece a homens e mulheres aprisionados.

REFERÊNCIAS

Livros

Amorim, Carlos. *PCC: A irmandade do crime*. Rio de Janeiro: Record, 2003.
Andrade, Oswald de. *O rei da vela*. São Paulo: Globo, 1996.
Balfour, Michael. *Theatre in Prison: Theory and Practice*. Bristol: Intellect Books, 2004.
Barbier, René. *A pesquisa-ação nas instituições educacionais*. Rio de Janeiro: Zahar, 1988.
Boal, Augusto. *Teatro do Oprimido e outras poéticas políticas*. Rio de Janeiro: Civilização Brasileira, 1991.
—. *Teatro legislativo*. Rio de Janeiro: Civilização Brasileira, 1996.
Escobar, Ruth. *Dossiê de uma rebelião*. São Paulo: Global, 1982.
Fernandes, Rofran. *Teatro Ruth Escobar: 20 anos de resistência*. São Paulo: Global, 1985.
Foucault, Michel. *Vigiar e punir — nascimento da prisão*. Petrópolis: Vozes, 2004.
—. *Microfísica do poder*. Rio de Janeiro: Graal, 1986.
Freire, Paulo. *Ação cultural para a liberdade*. Rio de Janeiro: Paz e Terra, 1987.
—. *Pedagogia da autonomia*. Rio de Janeiro: Paz e Terra, 1998.
Freire, Paulo & Frei Betto. *Essa escola chamada vida — depoimentos ao repórter Ricardo Kotscho*. São Paulo: Ática, 1986.
Genet, Jean. *O balcão*. São Paulo: Abril, 1976.
Goffman, Erving. *Manicômios, prisões e conventos*. São Paulo: Perspectiva, 2001.
La Taille, Yves de. Desenvolvimento do juízo moral e afetividade na teoria de Piaget. *Piaget, Vigotsky, Wallon: Teorias Psicogenéticas em Questão*. São Paulo: Summus, 1992.

Marcos, Plínio. *Homens de papel e barrela*. São Paulo: Parma, 1976.
Morin, André. *Pesquisa-ação integral e sistêmica: uma antropopedagogia renovada*. Rio de Janeiro: DP&A, 2004.
Piaget, Jean. *O juízo moral na criança*. São Paulo: Summus, 1994.
Pupo, Maria Lúcia de Souza Barros. *Entre o Mediterrâneo e o Atlântico: uma aventura teatral*. São Paulo: Perspectiva, 2006.
Rusche, Robson J. (org.). *Educação de adultos presos: uma proposta metodológica*. São Paulo: Funap, 1995.
Sartre, Jean-Paul. *O muro*. São Paulo: Círculo do Livro, 1987.
Suassuna, A. *A pena e a lei*. Rio de Janeiro: Agir, 2003.
—. *Auto da compadecida*. Rio de Janeiro: Agir, 1981.
Thiollent, Michel. *Metodologia da pesquisa-ação*. São Paulo: Cortez, 1998.
Thompson, James (org.). *Prison Theatre: Perspectives and Practices*. Londres: Jessica Kingsley Publishers, 1998.

Artigos (revistas, catálogos e jornais)
Adorno, Sérgio. A Prisão sob a ótica de seus protagonistas: itinerário de uma pesquisa. *Tempo Social*; Revista de Sociologia da USP, São Paulo, n.º 3 (1-2), pp. 7 a 40, 1991a.
—. O sistema penitenciário no Brasil: problemas e desafios. *Revista USP*, São Paulo, pp. 65 a 77, março-abril-maio, 1991b.
Adorno, S. & E. B. T. Bordini. Reincidência e reincidentes penitenciários em São Paulo, 1974-1985. *Revista Brasileira de Ciências Sociais*, São Paulo, n.º 9, pp. 70 a 94, 1989.
Araújo, Osmar. Drama: histórico, contextualização e parcerias. In: Ilanud. Direitos humanos em cena: oficinas teatrais com a população prisional de São Paulo. *Revista do Ilanud*, São Paulo, n.º 9, 2002.
Cardoso, P. & P. Heritage (org.). O teatro construindo a cidadania. *Revista da Conferência Internacional Mudança de Cena II*, Rio de Janeiro, 2001.
Castro, Myriam M. P. Ciranda do medo — controle e dominação no cotidiano da prisão. *Revista USP*, São Paulo, pp. 57 a 64, março-abril-maio, 1991.
Castro, Myriam M. P.; Regina G. A. Resende; S. Adorno; Chacon & Yole C.P. Yole. Preso um dia, preso toda a vida: a condição de estigmatizado do egresso penitenciário. *Temas Imesc*, São Paulo, pp.101 a 117, 1984.
Concilio, Vicente. Teatro e prisão: dentro da cena e da cadeia. *Revista Sala Preta*, n.º 5, São Paulo, pp. 151 a 158, 2005.

Concilio, V. & A. Correa. As mulheres que amavam o homem. *Revista Trip para Mulheres*, São Paulo, mar. 2004.
Correa, Ademir. Teatro em cadeia. *Revista Ocas*, São Paulo, ano 1, n.º 10, pp. 22 a 25, maio 2003.
Costa, Maria Rita Freire. *A arte como processo de recriação em presídios*. Catálogo do Projeto. São Paulo, 1983.
Druzian, Bernadete. Arte atrás das grades. *Revista Cultura*, São Paulo: Imprensa Oficial, n.º 23, pp. 8 a 13, jun. 2001.
Funap. *Presídios e educação: anais do I Encontro de Alfabetização de Adultos Presos do Estado de São Paulo*. São Paulo, 1993.
—. *Programa de cultura da Funap*. Gerência de Educação, Cultura e Formação Profissional. São Paulo, março de 2003 (mimeo).
Heritage, Paul. Teatro, prisão e cidadania. *Humanidades — teatro*. Brasília: Editora UNB, n.º 44, pp. 68 a 75, ago. 1998.
—. Fazendo reféns: direitos humanos em cena. *Revista do Ilanud*, São Paulo, n.º 24, pp. 171 a 184, 2003.
Ilanud. Direitos Humanos em Cena: oficinas teatrais com a população prisional de São Paulo. *Revista do Ilanud*, São Paulo, n.º 21, 2002.
Pupo, Maria Lúcia de Souza Barros. Pequenos movimentos. *Programa do Espetáculo Muros*, São Paulo, dez. 2004.
Souza, Adilson F.; Luiz Percival Britto & Marisa Fortunato. *Tecendo a liberdade: a educação no sistema penal paulista*. São Paulo: Funap, 2005.

Trabalhos acadêmicos

Portugues, Manoel Rodrigues. *Educação de adultos presos: possibilidades e contradições da inserção da educação escolar nos programas de reabilitação do sistema penal no estado de São Paulo*. Mestrado. São Paulo: Faculdade de Educação, USP, 2001.
Rocha, Luiz Carlos da. *A prisão dos pobres*. Doutorado. São Paulo: Instituto de Psicologia, USP, 1994.
Rusche, Robson Jesus. *Teatro: gesto e atitude. Investigando processos educativos através de técnicas dramáticas com um grupo de presidiários*. Mestrado. São Paulo: Instituto de Psicologia, USP, 1997.

CTP • Impressão • Acabamento
Com arquivos fornecidos pelo Editor

EDITORA e GRÁFICA
VIDA & CONSCIÊNCIA

R. Agostinho Gomes, 2312 • Ipiranga • SP
Fone/fax: (11) 2061-2739 / 2061-2670
e-mail: grafica@vidaeconsciencia.com.br
site: www.vidaeconsciencia.com.br